幼儿园课程资源
开发与利用 丛书

丛书主编　钱月琴

中国节

主　编　沈　红　张彩霞
编　委　徐　琳　张丽红　刘微微　叶瑜琳

苏州大学出版社

图书在版编目(CIP)数据

中国节／沈红，张彩霞主编. -- 苏州：苏州大学出版社，2023.7(2023.9重印)
（幼儿园课程资源开发与利用丛书／钱月琴主编）
ISBN 978-7-5672-4443-6

Ⅰ.①中… Ⅱ.①沈… ②张… Ⅲ.①节日-风俗习惯-中国-教学研究-学前教育 Ⅳ.①G613.3

中国国家版本馆 CIP 数据核字（2023）第 104251 号

书　　名：	中国节 ZHONGGUO JIE
主　　编：	沈　红　张彩霞
责任编辑：	万才兰
策　　划：	谢金海
出版发行：	苏州大学出版社（Soochow University Press）
社　　址：	苏州市十梓街 1 号　邮编：215006
印　　刷：	苏州市古得堡数码印刷有限公司
邮购热线：	0512-67480030
销售热线：	0512-67481020
开　　本：	889 mm×1 194 mm　1/20　印张：6.8　字数：129 千
版　　次：	2023 年 7 月第 1 版
印　　次：	2023 年 9 月第 2 次印刷
书　　号：	ISBN 978-7-5672-4443-6
定　　价：	58.00 元

若有印装错误，本社负责调换
苏州大学出版社营销部　电话：0512-67481020
苏州大学出版社网址　http：//www.sudapress.com
苏州大学出版社邮箱　sdcbs@suda.edu.cn

"幼儿园课程资源开发与利用丛书"
编委会

顾　问　张春霞

主　任　季小峰

副主任　周　萍　顾忆红

编　委（按姓氏笔画排序）

　　　　王亚红　王惠芬　吕淑萍　朱　静　孙文侃
　　　　吴小勤　沈　红　沈方勤　沈艳凤　张　琼
　　　　张利妹　陈小平　陈秋英　胡　娟　莫美华
　　　　钱明娟　徐　桢　徐国芬

序

  吴江区高度重视学前教育的发展。长期以来，吴江区学前教育工作者注重抓内涵、提质量，在幼儿园课程建设方面做了很多扎实有效的工作。

  江苏省实施课程游戏化项目以来，吴江区学前教育工作者努力进行课程游戏化的区域推进，为课程游戏化提供了示范，吴江区涌现出了许多高质量课程建设的典型。尤其是在资源深度挖掘和利用方面，很多幼儿园强化课程意识和资源意识，增强目标意识和效率意识，深入挖掘和利用本地课程资源，努力将资源优势转化为经验优势，形成了课程资源开发和利用的吴江经验。

  吴江是一个具有深厚文化历史底蕴的地方，名人、遗迹、名胜不胜枚举，具有鲜明江南特色的古镇和村落，丰厚肥沃的土地，孕育了万千生命和厚重的文化。对于如何挖掘和利用吴江的自然与文化资源，吴江的老师们进行了积极的探索和创新。他们从幼儿身心发展规律出发，深入分析本地各类资源对儿童发展的价值，形成了一系列资源开发和利用的途径与策略，让幼儿在多样化的活动中感受文化、体验文化、理解文化、表达文化和创新文化。丰富的幼儿园课程内容，充实了儿童的生活，增进了儿童的体验和情感，增强了儿童的操作和表现能力。

  这套丛书是吴江区各幼儿园从不同的资源出发，深入研究儿童的需要和兴趣，系统开展多种形式的活动，充分利用儿童的多种感官，有效促进儿童对文化的了解、理解和表达，不断丰富和充实儿童经验的实践成果。相信这套丛书一定能给幼儿园课程建设提供有益的经验和启示，一定能为学前教育质量的提升做出贡献。

南京师范大学教育科学学院教授、博士生导师

2023 年 5 月

前言

莼鲈之香正十年

秋风斜阳鲈正肥，扁舟系岸不忍去。

吴江位于苏浙沪两省一市的地理交界处，是"鱼米之乡""丝绸之府"，有古镇、蚕桑、运河……历史悠久，资源丰富。

十余年来，吴江学前教育坚持以"贯彻落实《3—6岁儿童学习与发展指南》精神，开展幼儿园生活化游戏化课程建设"为抓手，区域性全面推进、全类覆盖、全员参与课程游戏化项目区实践。"区域推进不是要求区域统一，本质是让幼儿园各尽其能，充分调动每一位教师的专业才智，充分利用一切空间和资源，最大限度地发挥对儿童发展的支持和促进作用，从而提升教育质量。"（虞永平）十余年间，吴江幼教人通过改造环境、优化课程、专家引领、提升师资、追随儿童、科学评价等策略，营造了良好的学前教育生态，从"幼有所育"走向"幼有优育"。

吴江区各幼儿园从资源入手积极探索"资源—活动—经验"的实践路径，通过梳理、分析本园资源，建构课程资源地图，制作课程资源清单，开展多样化教育活动，尝试建设适合本园的课程，积累了大量的一手资料，于是就有了这套"幼儿园课程资源开发与利用丛书"。

本套丛书不仅是吴江区各幼儿园在课程建设中开发利用本园周围的资源，开拓儿童课程源泉，促进儿童全面发展的生动实例，还是凝聚着全区"学前教育发展共同体"踔厉奋发、笃行不息的成长足迹和探究精神的宝贵财富。在这套丛书里，你可能会看到因为年轻而存在的稚气，但更会看到

因为年轻而勃发的对教育的追求和活力。

本套丛书有以下三个特点：一是实践性，每类资源的开发和活动的组织都是幼儿园实践过的；二是操作性，幼儿园提供了某资源开发和利用的理念、路径、方法和具体的活动，可以为同行提供范例和借鉴；三是普适性，这套丛书涉及的资源都是日常生活中普遍存在的、与幼儿生活密切相关的。本套丛书共有十三个分册，每个分册都是从资源介绍、开发理念、资源清单、基本路径、活动列举、课程计划、方案设计、活动叙事八个方面来编写的。虽然这些都是一线教师的实践积累，但在理念上可能尚有偏颇，在实践中可能存在需要改进的地方，不足之处敬请专家和同行提出宝贵意见，以便让这套书不断完善。

十年磨一剑，蓄势再扬帆。在未来十年，乃至更长一段时间，吴江区学前教育会继续与时俱进，勇立潮头，办出更多老百姓家门口的高质量幼儿园。

丛书编委会

2023 年 5 月

目 录

资源介绍 /1

开发理念 /2

资源清单 /3

基本路径 /6

活动列举 /8

课程计划
 学期课程计划 /15
 主题活动计划 /22

方案设计

主题活动方案 /27
 过了腊八就是年（大班） /27
  一、收集活动　年历 /27
  二、集体活动　过了腊八就是年 /28
  三、收集活动　腊八节的传说故事 /30
  四、区域活动　一碗腊八粥 /31
  五、劳动活动　情暖腊八 /32
  六、调查活动　新年习俗大调查 /33
  七、集体活动　新年到 /35
  八、劳动活动　酱蹄髈 /36
  九、劳动活动　掸檐尘 /37

十、参观活动　爆冻米　/ 39

十一、劳动活动　香香的饭糍干　/ 40

十二、区域活动　福到了　/ 41

十三、集体活动　年画　/ 42

十四、集体活动　十二生肖　/ 44

十五、劳动活动　廿四夜吃团子　/ 45

十六、区域活动　好看的糕团　/ 47

十七、劳动活动　办年货　/ 48

十八、生活活动　我家的年夜饭　/ 49

十九、区域活动　我制作的年夜饭　/ 50

二十、劳动活动　做蛋饺　/ 52

二十一、生活活动　做客人，去拜年　/ 54

二十二、集体活动　联欢会的节目单　/ 55

二十三、劳动活动　新年集市　/ 56

系列活动方案　/ 58

快乐端午（中班）　/ 58

一、收集活动　认识端午节　/ 58

二、集体活动　五月五是端午　/ 60

三、集体活动　粽子里的故事　/ 62

四、劳动活动　包粽子　/ 63

五、生活活动　好吃的粽子　/ 64

六、区域活动　"五毒"衣　/ 65

七、生活活动　观看赛龙舟视频　/ 66

八、集体活动　赛龙舟　/ 67

九、区域活动　咸咸的蛋　/ 69

十、区域活动　做香囊　/ 70

元宵节（中班）　/ 72

一、区域活动　做花灯　/ 72

二、生活活动　猜灯谜　/ 73

三、区域活动　元宵舞龙乐　/ 74

四、劳动活动　做元宵　/ 75

忆清明（大班）　/ 77

一、调查活动　清明节大调查　/ 77

二、劳动活动　挑马兰　/ 79

三、生活活动　凉拌荠菜、马兰　/ 80

四、劳动活动　好吃的青团　/ 81

五、劳动活动　麦芽塌饼　/ 83

六、区域活动　制作花圈　/ 84

七、劳动活动　扫墓　/ 86

八、生活活动　观红色电影，讲先烈故事　/ 87

九、参观活动　参观吴江烈士纪念馆　/ 88

十、集体活动　张应春的故事　/ 90

十一、参观活动　参观张应春烈士故居　/ 91

十二、集体活动　古诗欣赏——《清明》　/ 93

中 国 节

老少重阳乐（大班） /94

一、劳动活动　我为爷爷奶奶做件事 /94

二、劳动活动　九九重阳糕 /96

三、区域活动　巧手做菊花 /98

四、区域活动　我为爷爷奶奶画个像 /99

单个活动方案 /101

一、生活活动　好吃的月饼（小班） /101

二、区域活动　月饼圆圆（小班） /102

三、集体活动　中秋儿歌（小班） /103

四、区域活动　二月二"龙抬头"（中班） /104

活动叙事

童心敬老　爱在重阳（大班） /106

香香甜甜的腊八粥（大班） /114

后　　记 /123

🌙 资源介绍

中国传统节日是中华民族悠久历史文化的重要组成部分。传统节日的形成，是一个民族或国家的历史文化长期积淀、凝聚的过程。春节、元宵节、清明节、端午节、中秋节、重阳节、腊八节都是中国传统节日，它们清晰地记录着中华民族丰富而多彩的社会生活文化内容。让幼儿了解传统节日，感受中华优秀传统文化的魅力，既是幼儿园教育的需要，也是新时代文明传承、传统文化课程传承与创新的需要。

"江南何处好，乐居在吴江"，在富庶的江南吴地，吴江人的节日散发着特有的江南韵味。正月初一，人们串门拜年，有的还带上自制米糕、团子等各种拜年礼品；正月十五元宵节，人们吃汤圆、赏花灯、猜灯谜；清明节，人们踏青郊游、扫墓祭祖；五月初五端午节，人们吃粽子、划龙舟、点雄黄和穿"五毒"衣；八月十五中秋节，家家团圆，赏月、吃月饼；九月九日重阳节，人们登高赏秋、感恩敬老；腊月初八腊八节，人们喝腊八粥；腊月二十三日，年终"除尘"；除夕夜，家人团聚，共吃年夜饭。每个节日还有各不相同的环境布置，营造浓浓的节日氛围。

在每个节日，社会、学校、家庭都会举办很多传统习俗活动，这些都与幼儿的生活紧密相关，幼儿对此并不陌生。苏州市吴江区北厍幼儿园立足幼儿的年龄特点、学习兴趣，梳理传统节日文化资源，以不同地域的生活为背景，积极探寻节日民俗文化蕴含的宝贵教育价值，组织幼儿参加多样化的活动，以使幼儿拓展生活内容、积累有益经验，促进幼儿全面发展。

开发理念

开展中国传统节日活动是对幼儿进行爱家乡、爱祖国情感教育的重要内容。立足儿童本位，将具有独特教育价值的节日文化资源融入幼儿园课程是幼儿园教育可以做、能够做并值得做的事。

了解中国文化的丰富多样

《幼儿园教育指导纲要》指出幼儿园应"充分利用社会资源，引导幼儿实际感受祖国文化的丰富与优秀，感受家乡的变化和发展，激发幼儿爱家乡、爱祖国的情感"。幼儿园应利用节日开展形式多样的中国节日民俗文化活动，让幼儿了解不同节日的民风民俗，并从中感受中国文化的丰富与优秀，有效促进幼儿养成良好的行为习惯，促进幼儿的身心健康发展，以及核心价值观的形成。

接受传统文化的熏陶和礼仪教育

中国的传统民俗节日活动比较崇尚家庭团圆、相亲相爱、尊老爱幼、感恩追思、亲近自然，开展丰富多样的节日系列活动可以让幼儿接受传统文化的熏陶，接受相关的礼仪教育。比如，春节的拜年风俗、重阳节的重阳糕等美食，都是对幼儿进行尊老敬老、感念恩情教育最好的载体。

具有初步的民族归属感

民族节日，是一个民族特有的文化现象，代代相传，绵延数千年，深刻地影响着每个人的文化认同。生活即教育，生活即课程。通过参与丰富多样的民族节日活动，幼儿可以知道中国是一个多民族国家，知道自己所属的民族，知道每一个民族都有特定的民风民俗。

⭐🌙 资源清单

中国传统节日内容丰富，数千年来绵延不绝，历久弥新。每个节日都有它独特的形成条件和悠远意义，承载着神话、传说、天文、地理、历法、人伦等方面的内容，有着深邃丰厚的文化内涵。

北库幼儿园在众多的传统节日中选取了春节、元宵节、清明节、端午节、中秋节、重阳节、腊八节这七个节日，按时间顺序，基于主要风俗、故事传说等方面，绘制节日资源图，对该节日到来前后当地主要风俗中对幼儿来说比较健康和有价值的活动进行罗列，突出文明、健康、和谐、美好的内容。

节日资源图

中国传统节日资源列表

节日名称	节日时间	当地主要风俗	故事传说	相关绘本
春节	农历正月初一	节前：腌酱肉、除尘、贴福字、贴春联、贴窗花、做团子；除夕：烧年夜饭、给压岁钱、放烟花、祭祖；初一：拜年、走亲访友	年兽来了 熬"年"守岁 贴"福"传说	《春节》（北京师范大学出版社） 《年兽来了》（安徽科学技术出版社）
元宵节	农历正月十五	做花灯、赏花灯、吃汤圆、猜灯谜、放烟花	元宵姑娘的故事 挂彩灯避惩罚的故事	《元宵节》（北京师范大学出版社） 《元宵节的由来》（北方妇女儿童出版社）
清明节	公历4月5日前后	踏青、扫墓，做青团、吃青团、做麦芽塌饼、插柳、放风筝	陈太平与青团的故事 刘邦拜祭父母的故事 晋文公吃寒食的故事	《清明节》（北京师范大学出版社） 《奶奶的青团》（新疆青少年出版社） 《清明节的来历》（北方妇女儿童出版社）
端午节	农历五月初五	赛龙舟、吃粽子、挂艾草、穿"五毒"衣、佩戴香囊、点雄黄酒	伍子胥的故事 屈原投江的故事 孝女曹娥的故事	《端午节》（北京师范大学出版社） 《屈原和端午》（北方妇女儿童出版社）
中秋节	农历八月十五	祭月、赏月、做月饼、吃月饼、玩花灯、赏桂花	嫦娥奔月的故事 吴刚伐桂的故事 貂蝉拜月的故事 月饼起义的故事	《中秋节快乐》（人民文学出版社、天天出版社） 《中秋节》（北京师范大学出版社） 《嫦娥奔月》（江苏凤凰科学技术出版社） 《吴刚伐桂》（新疆科学技术出版社）

续表

节日名称	节日时间	当地主要风俗	故事传说	相关绘本
重阳节	农历九月初九	登高、吃重阳糕、敬老、赏菊、插茱萸	桓景除瘟魔的故事 郝欣登高的故事	《重阳节》（北京师范大学出版社） 《重阳节的故事》（北方妇女儿童出版社）
腊八节	农历腊月初八	做腊八蒜、做腊八粥、喝腊八粥	老鼠洞的故事 懒汉的故事 岳家军的故事	《腊八节》（北京师范大学出版社） 《香香甜甜腊八粥》（中国少年儿童出版社） 《一碗腊八粥的故事》（应急管理出版社） 《屋檐下的腊八粥》（天地出版社）

基本路径

　　中国传统节日内容丰富，活动形式多样，但都有不同的内涵、独特的意义，蕴含着中华优秀传统文化。幼儿园在开发和利用节日资源时不能简单地把民间庆祝节日的所有习俗都纳入课程，而是要把节日习俗中对幼儿身心发展有益的、有价值的活动纳入课程，从而进行适度开发和利用。根据幼儿的认知规律和学习特点，幼儿园在开发节日资源时一般从收集节日的由来故事或过节的相关情况入手，通过阅读绘本、观看视频、调查询问等方式引导幼儿认识节日，知道节日的由来，并了解传统节日的特点。在每个节日前后都有一些活动，有一些是幼儿可以参与的，它们可以成为幼儿的活动，自然地进入幼儿的游戏，并不断丰富幼儿的游戏。

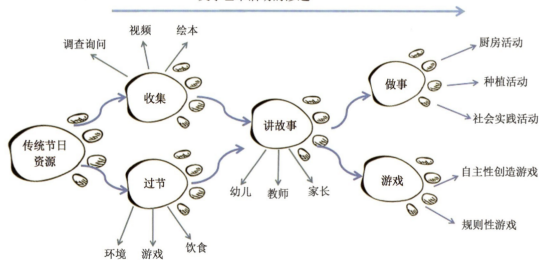

中国传统节日活动开发路径图

收集：中国传统节日的由来故事有许多版本，幼儿可用多种方式对其进行收集，如阅读绘本、观看视频、调查询问等，我们要鼓励幼儿从身边的人入手收集信息。有的是口口相传的传说，有的是历史故事，还有的是美好祝愿。

过节：节日是每年都要过的，但是不同年龄段的幼儿可以有不同的学习内容和目标，小班、中班、大班的学习总体应呈递进式。可以从环境布置方面了解节日民俗文化，如元宵节猜灯谜、春节贴春联等；可以从美食方面了解节日饮食文化，如端午节吃粽子、中秋节吃月饼、清明节吃青团等；可以从游戏方面了解节日民间活动，如重阳节登高、端午节划龙舟、春节放鞭炮等。幼儿可根据已有经验对传统节日活动做进一步的探究。

讲故事：将收集来的故事讲给大家听，可以由教师讲述，可以由幼儿讲述或做同伴分享，还可以请老一辈的人或家长来讲述。此环节通过为幼儿创设想说、敢说、愿意说的机会，促进幼儿对中国传统节日文化的了解和喜爱。

做事：为了过节常常要做很多事，此环节尝试从厨房活动、种植活动、社会实践活动三个方面入手，整合各种资源，调动幼儿的多种感官，开展多种多样的与过节有关的活动，使幼儿对传统节日的认知和感受更生活化、可视化、操作化。

游戏：游戏是幼儿最基本的活动。除了以游戏的方式来过节外，可以让幼儿在角色扮演、建构活动等自主性创造游戏中体验节日文化，还可以开展音乐、体育、智力等方面的游戏活动，让幼儿在轻松愉快、富有趣味的游戏中了解节日、走近节日。

文学艺术活动：音乐作品、美术作品、故事、儿歌、散文等都是传统节日文化的载体。幼儿可以通过生动形象的文学作品、丰富多彩的艺术活动了解中国传统文化，以及地方特有的文化底蕴。这可以使文学艺术活动不断渗透在各个节日中。

节日资源的开发路径不是一成不变的，从收集信息、过节到讲故事再到做事、游戏，这是一条基本路径，教师可根据幼儿的已有经验和实际情况展开。有时幼儿已有相关节日经验，教师可直接进入过节环节。

 活动列举

节日课程资源丰富多样。在全面收集、整理传统节日课程资源的内容和价值的基础上,幼儿园可结合幼儿的年龄特点及每个节日的特点,以主题活动、系列活动或单个活动的形式打造课程。从儿童本位出发,着眼于幼儿的已有经验,链接各领域的关键经验和发展目标,根据幼儿的最近发展区,本着"一日活动皆课程"的理念,充分把握当地传统节日文化的特点,将有趣的传统节日故事、传说、风俗活动等作为幼儿接受传统节日文化熏陶的主要内容。幼儿园结合传统节日资源开发利用,重点开展春节、元宵节、清明节、端午节、中秋节、重阳节、腊八节等节日活动课程。以集体教学、区域活动、实践体验、调查采访等活动形式,采用集体、小组或个别的组织方式,在幼儿一日活动、家庭活动及社会活动中渗透与开展。

节日活动列表

活动类别与名称		领域	关键经验	年龄班	实施途径				
					教学	区域	生活环节	运动	实践
主题活动	中秋月儿圆(中班15、大班20)	社会、语言、艺术、科学	1. 知道中秋节,喜欢听关于中秋节的习俗故事。(中班) 2. 喜欢观察月亮,会用表征记录月亮形状的变化。(中班) 3. 运用涂色、剪贴等方式表现月圆之夜的宁静与美丽。(中班) 4. 了解中秋节,愿意大胆表达与中秋节相关的话题内容。(大班) 5. 能通过观察记录、比较分析,发现并描述月亮变化的特征。(大班) 6. 能使用简单的工具制作月饼。(大班) 7. 能用多种工具、材料或不同的表现手法表达自己对中秋节的感受和想象。(大班) 8. 感受中秋节家庭团圆的美好与幸福,共度中秋夜晚。(大班)	中班、大班	集体活动、小组活动、个别活动	美工区、表演区、科学区、阅读区、生活区、建构区	晨间、餐前、餐点、离园	体育、游戏	调查、收集、分享

续表

活动类别与名称		领域	关键经验	年龄班	实施途径				
					教学	区域	生活环节	运动	实践
主题活动	过了腊八就是年（小班20、中班15、大班25）	语言、艺术、社会、科学、健康	1. 了解腊八节的习俗和饮食习惯。（小班） 2. 愿意参与腊八节庆祝活动，知道马上要过年了，喜欢参与或观看哥哥姐姐们、家人的过年准备活动，感受过年时的快乐和幸福。（小班） 3. 能感知和区分各种粗粮并手口一致地点数，能说出总数且按数取物。（小班） 4. 知道腊八节和中国年的关系，感受节日气氛，参与过年准备，感受过年的快乐和幸福。（中班） 5. 能讲述自己所知道的腊八节与新年的故事。（中班） 6. 运用已有经验，乐于表达对新年的愿望。（中班） 7. 了解家乡过年的传统习俗，积极参与准备过年的各种活动，体验中国人过年迎新的欢乐与喜庆，对未来充满期待。（大班） 8. 知道腊八粥食材里各种粗粮的名称、外形和营养价值。（大班） 9. 乐意参与劳动，体验自己动手制作腊八粥的快乐，以及与他人分享的成就感。（大班） 10. 参与策划节日活动，表达与节日快乐体验相关的情绪、情感。（大班）	小班、中班、大班	集体活动、小组活动、个别活动	美工区、益智区、科学区、阅读区	晨间、餐前、餐点、离园	体育、游戏	调查、收集、分享

续表

活动类别与名称		领域	关键经验	年龄班	实施途径				
					教学	区域	生活环节	运动	实践
系列活动	老少重阳乐（小班8、中班10、大班10）	语言、艺术、社会	1. 知道重阳节是老人的节日，萌发尊老爱老的情感。（小班） 2. 愿意和长辈一起游戏，感受相互关爱的温暖与快乐。（小班） 3. 知道重阳节是我国的传统节日，初步了解重阳节的风俗习惯。（中班） 4. 乐意参与重阳节的相关活动，尝试用各种方式表达对老人的关心和节日祝贺。（中班） 5. 通过调查与交流，进一步了解重阳节的来历和风俗习惯。（大班） 6. 运用不同的绘画工具和材料大胆进行艺术创作。（大班） 7. 在讲述中回忆家里长辈对自己的关爱和帮助，感受自己的幸福。（大班） 8. 制作重阳节礼物并赠送给老人，在实际行动中表达对长辈的感恩之情。（大班）	小班、中班、大班	集体活动、小组活动、个别活动	美工区、表演区、阅读区、自然角	晨间、餐点、离园	登高游戏	调查、收集、分享、表演、亲子活动
	快乐端午（小班8、中班10、大班15）	语言、艺术、健康、社会	1. 知道端午节吃粽子的习俗。（小班） 2. 愿意说一说自己喜欢的端午儿歌。（小班） 3. 了解端午节的来历和家乡的风俗习惯。（中班） 4. 以喜欢的方式参与端午节活动。（中班） 5. 收集包粽子的材料，学习用缠绕和包裹的方式包粽子。（大班） 6. 能手工制作端午物品，并与同伴一起分享。（大班） 7. 品尝传统节日美食，体验民俗活动的趣味性，有强烈的民族认同感。（大班）	小班、中班、大班	集体活动、小组活动、个别活动	美工区、阅读区、种植区、运动区	晨间、餐点、离园	体育游戏	调查、收集、亲子活动

续表

活动类别与名称	领域	关键经验	年龄班	实施途径				
				教学	区域	生活环节	运动	实践
系列活动	忆清明（小班8、中班10、大班16）	语言、社会、科学、艺术、健康	1. 感受清明节庄严肃穆的节日氛围。（小班） 2. 在扫墓、参观烈士纪念馆等场合不嬉戏吵闹，遵守集体规范。（小班） 3. 喜欢品尝青团、麦芽塌饼，并感受地方特有野菜的独特味道。（小班） 4. 喜欢清明时节的踏春郊游活动，感受大自然的美好。（小班） 5. 知道清明节，能用图画和符号表征清明习俗。（中班） 6. 能有序、连贯、清楚地讲述自己在调查中收集的清明节故事。（中班） 7. 初步了解家庭中的亲属关系，怀念先祖、尊重长辈。（中班） 8. 积极参加踏春郊游活动，感受大自然的美好。（中班） 9. 学习制作清明节时令食品。（大班） 10. 收集或采摘清明节美食的食材，感知植物与人类的关系。（大班） 11. 主动参与清明节祭扫活动，体会当地清明节风俗。（大班） 12. 敬仰、怀念革命烈士，懂得珍惜现在的幸福生活。（大班） 13. 积极为清明踏春郊游做规划，感受大自然的美好。（大班）	小班、中班、大班	集体活动、小组活动、个别活动	美工区、种植区、阅读区	晨间、餐点、离园	远足、踏青	调查、收集、劳动、参观

续表

活动类别与名称	领域	关键经验	年龄班	实施途径				
				教学	区域	生活环节	运动	实践
系列活动	元宵节（小班8、中班10、大班12）	1. 知道元宵节，乐意参加园内元宵游园会，感受节日的快乐。（小班） 2. 能用方言清晰地念童谣。（小班） 3. 喜欢吃汤圆，并能尝试用团、搓的动作制作汤圆。（小班） 4. 愿意与家长一起参加元宵灯会和庆祝活动，感受元宵节热闹的氛围。（中班） 5. 基本完整地讲述自己的所见所闻和经历过的元宵节活动。（中班） 6. 尝试使用剪贴、涂画的方式装饰自制花灯，布置节日环境。（中班） 7. 尝试制作不同馅料的汤圆，积极与他人分享。（大班） 8. 认真倾听并理解他人的想法和建议，乐意完成任务和主动遵守规则。（大班） 9. 与教师、家长、社区人员一起布置环境、举行元宵节活动，在群体活动中积极、快乐。（大班）	小班、中班、大班	集体活动、小组活动、个别活动	美工区、阅读区、表演区、科学区	晨间、餐点、散步、离园	体育游戏	调查、收集、劳动、参观

续表

活动类别与名称		领域	关键经验	年龄班	实施途径				
					教学	区域	生活环节	运动	实践
单个活动	二月二"龙抬头"	社会	1. 知道二月初二也是个节日,以及"龙抬头"吃撑腰糕习俗,喜欢品尝撑腰糕。(小班) 2. 喜欢参与"龙抬头"活动,愿意理发。(小班) 3. 喜欢扮演理发师活动,感受理发的快乐。(中班) 4. 通过参观活动,多感官探索和发现理发工具的秘密。(大班) 5. 了解二月二"龙抬头"的节日寓意,愿意大胆表达自己的愿望。(大班)	小班、中班、大班	个别活动	生活区、表演区			亲子活动、参观
	月儿大又圆	语言	仔细观察画面,说出画面内容,感知月亮的变化。	小班	集体活动		晨间、离园		
	月饼圆圆	艺术	用简单的拓印工具制作出圆圆的月饼。	小班	小组活动	美工区			
	好吃的月饼	社会、语言	喜欢尝试吃不同味道的月饼,并愿意向同伴介绍自己的月饼。	小班	小组活动	生活区	晨间、餐点		分享

注:括号内数字表示活动个数。

课程计划

幼儿园通过前期对传统节日文化资源的梳理，根据不同年龄段幼儿的认知能力和学习特点，将具有独特教育价值的春节、元宵节、清明节、端午节、中秋节、重阳节、腊八节七大节日，以及节日前后具有当地浓郁特色的风俗活动，各有侧重地融入课程计划，每个节日在三个年龄段的课程目标设置上呈现递进式。

幼儿园通过课程审议，增减或替换蓝本课程中不合适的内容，加入节日资源引发的课程，使优化后的蓝本课程更能适合本园幼儿，满足幼儿的实际需要。根据每个节日的时间，有时是在蓝本课程计划中直接加入节日课程，减去不合适的内容，以保证课程总体容量合理；有时是节日系列活动与蓝本课程双线并行，在具体实施中根据当下的情况做安排。

幼儿园在制订学期课程计划时，对于每一个节日，都必须关注各年龄段幼儿的学习特点和已有经验，链接《3—6岁儿童学习与发展指南》的发展目标，实现幼儿经验的有序递进而不重复。小班侧重于节日氛围的感受和活动参与，中班侧重于节日的情感体验和了解，大班则侧重于节日的展现、感受表达与活动创新。

中国节

 学期课程计划

学期课程计划一览表1

年度 2020—2021　　　学期 第一学期　　　年龄班 大班　　　填表人 张丽红

序号	主题名称	主题目标（价值分析）	主题持续时间	主要资源列举			主题来源
				自然	社会	文化	
1	我们是大班哥哥姐姐	1. 知道自己是大班哥哥姐姐，喜欢参加各类活动，在大带小活动中乐于表现自己的才干，产生做哥哥姐姐的自豪感。 2. 能根据需要设计班级活动区的位置，制定规则，设计标志，初步萌发社会规范意识和小主人公意识。 3. 能控制自己的情绪和行为，增强规则意识和任务意识，进一步养成遵守规则、积极主动、认真专注的习惯。 4. 大方地与弟弟妹妹交流，会用连贯的语言表达交流时的感受。 5. 发现生活中周围的标志，并愿意了解标志的特征、种类及其与人们生活的关系。 6. 能比较10以内数字的大小，初步理解单数、双数的含义。 7. 能用图标创作与绘制生活中的标志。 8. 能用不同力度，以及断顿、连贯的不同唱法表现歌曲的情绪变化，随音乐即兴舞蹈，并有一定的控制能力。	3周	种植地、自然角	生活中的标志	网络资源	购买的蓝本课程
2	中秋月儿圆*	1. 了解中秋节的传说，知道中秋节代表团圆的美好寓意，大胆表达中秋节相关话题内容。 2. 能通过观察记录、比较分析，发现并描述月亮变化的特征，萌发对月亮的好奇心。 3. 通过丰富的活动，初步了解有关月亮的知识，加深对中秋的认识。 4. 能用多种工具、材料或不同的表现手法表达自己对中秋节的感受和想象。 5. 能积极主动参加劳动，做事有条理并注重成效。 6. 能使用简单的工具制作月饼，尝试在面团上用模具印花的方法表现月饼的花纹样式。 7. 感受中秋节家庭团圆的美好与幸福，共度中秋夜晚。	2周		社区中秋灯会	中秋节*	自主开发的园本课程

续表

序号	主题名称	主题目标（价值分析）	主题持续时间	主要资源列举			主题来源
				自然	社会	文化	
3	大方自信的中国人	1. 知道自己的民族，知道中国是一个多民族的大家庭，以及各民族之间要互相尊重、团结友爱。 2. 了解中国的伟大发明和重大成就，感受中国人的勤劳、聪慧，为自己是中国人而感到自豪。 3. 知道升旗的礼仪，增强尊敬国旗、爱护国旗的责任感，有做"小小升旗手"的光荣感。	2周		社区资源	网络资源、图书资源	购买的蓝本课程
4	在金色的秋天里	1. 在活动中有探究的兴趣，知道树木、花草、蔬菜、农作物、水果等都有种子，尝试播种，初步了解植物种子与周围环境的关系，以及几种常见种子的传播方式。 2. 关注周围的事物在秋季的变化，感受秋天的美。积极学习运用多种材料表达自己对秋天的认识，乐意用绘画等方式记录自己的发现。 3. 能用自然美好的声音歌唱，努力运用不同的速度、力度、音色来恰当地演唱，并用形体动作来表现树叶飞舞的形态。 4. 欣赏散文，感受作品的意境美，初步理解散文中运用的比喻、拟人手法，能运用语言、动作、绘画、戏剧表演等形式表现自己的理解。 5. 通过调查与交流，进一步了解重阳节的来历和风俗习惯。 6. 愿意与同伴回忆家里长辈对自己的关爱和帮助，讨论"关于重阳节""我的长辈"等话题，敢于在众人面前进行表达，感受自己的幸福。 7. 能够根据实际情况制订重阳节活动计划，尝试运用多种工具、材料或不同表现手法表达自己对重阳节的认知，以及对老人的关爱。 8. 运用不同的绘画工具和材料大胆进行艺术创作。 9. 制作重阳节礼物并赠送给老人，用实际行动表达对长辈的感恩之情。	3周	草地、树木、田野、种植地	家长资源、敬老院*	网络资源、图书资源（重阳节绘本）*	购买的蓝本课程

续表

序号	主题名称	主题目标（价值分析）	主题持续时间	主要资源列举			主题来源
				自然	社会	文化	
5	拥抱冬天	1. 了解人们过冬的好办法，知道呼吸对于人类的重要性，懂得要保护人体呼吸器官，具有一定的自我保护意识。 2. 感受文学作品的优美，学习运用多种方式表现自己对冬天的认识。 3. 能观察和描述冬季的特征，感知人们在冬天的生活及动植物的变化，体验冬日活动的乐趣。 4. 感受、发现、欣赏冬天的美，能运用音乐、舞蹈、绘画、手工等艺术形式表现冬天的人、事、物。 5. 不怕寒冷，坚持参加体育锻炼和户外活动，提高自己适应寒冷气候的能力，克服困难，增强体质；喜欢和家人及小伙伴在冬日健身，感受运动带来的快乐。 6. 了解日常生活中常见的健身方式，知道适度健身对身体有好处，养成运动习惯。 7. 认识身体各部位的名称及功能，知道在运动中保护身体的一些正确做法。	4周	草地、树木、田野、种植地	社区资源、家长资源	网络资源、图书资源	购买的蓝本课程
6	过了腊八就是年*	1. 知道腊八节过后很快就是新年，初步了解节日的来历和当地的风俗习惯。 2. 了解腊八粥的食材和营养价值。 3. 知道腊八粥食材里各种粗粮的名称、外形和营养价值。 4. 乐意参与劳动，体验自己动手制作腊八粥的快乐及与他人分享的成就感。 5. 了解一些地方过年的方式，知道家乡过年的传统习俗，积极参与过年的各种准备活动，体验中国人过年迎新的欢乐与喜庆，对未来充满期待。 6. 能主动参与节日主题活动的环境布置，体验过节的快乐；能清晰大胆地向他人表达新年祝福。 7. 知道过完年就长大一岁了，萌发在新的一年取得新进步的美好愿望。 8. 参与节日活动策划，在游戏和做事的过程中，感受新年带给人们的快乐，主动表达节日快乐体验的情绪、情感。	3周	农作物种植区	社区资源、家长资源	网络资源、音像资源、图书资源（春节绘本）*	自主开发的园本课程

注：带 * 者是利用本书所谈资源开发的活动。

学期课程计划一览表 2

年度 <u>2020—2021</u>　　　学期 <u>第二学期</u>　　　年龄班 <u>大班</u>　　　填表人 <u>张丽红</u>

序号	主题名称	主题目标（价值分析）	主题持续时间	主要资源列举			主题来源
				自然	社会	文化	
1	最后一学期	1. 回顾在园三年生活中印象深刻的事，为自己与同伴的成长感到欣喜；知道自己还有一个学期就要成为小学生了，对小学生活有初步的了解，并充满向往。 2. 愿意参加元宵节庆祝活动，体验传统节日的独特魅力，感受节日氛围带来的乐趣。 3. 尝试制作不同馅料的汤圆，积极与他人分享。 4. 与教师、家长、社区人员一起布置环境、开展元宵活动，在群体活动中积极、快乐。 5. 认真倾听并理解他人的想法和建议，乐意完成任务和主动遵守规则。 6. 了解各种图书的名称和用途，知道要爱护图书，喜欢和同伴分享书籍，并愿意给弟弟妹妹讲故事。 7. 知道在学习的道路上会遇到很多困难，能正确对待困难，并坚信通过自己的努力，一定能克服困难。 8. 知道农历二月初二是"龙抬头"节日，乐意参与节日活动。 9. 通过参观活动，运用多种感官探索和发现理发工具的秘密。 10. 了解二月二"龙抬头"节日的寓意，愿意大胆表达自己的愿望。 11. 了解书签的作用，尝试使用绘画、剪贴的方式制作书签，养成爱护图书的好习惯。 12. 知道保护眼睛的重要性，懂得保护眼睛的正确方法。 13. 正确认读 10 以内的阿拉伯数字，能发现生活中数字的多种用途，以及数字在人们生活中的实际意义。 14. 能唱准附点音符和十六分音符的时值，掌握切分音的唱法，并能用不舍与怀念的心情演唱歌曲《最后一学期》。	2 周	草地、树木、田野、种植地	家长资源、社区资源、理发店	图书资源、网络资源、元宵节相关绘本*	购买的蓝本课程

续表

序号	主题名称	主题目标（价值分析）	主题持续时间	主要资源列举			主题来源
				自然	社会	文化	
2	小问号	1. 知道科学家的职责，萌发做科学家、愿意为人类进步做出贡献的愿望。 2. 了解简单的自然现象形成原因，喜欢做科学小实验。 3. 在美工等制作活动中，能主动表达自己的创作观点，坚持完成作品。 4. 学习用折剪的方法将平面图形二等分、四等分，并用重叠的方法验证部分和部分、部分和整体的关系。 5. 在户外活动中学习沿曲线追逐跑，找出转弯时身体重心变化的规律。 6. 朗诵儿歌时发音清晰响亮，尝试有表情地朗诵。 7. 尝试欣赏名画，愿意表达自己的观后感。	3周	草地、树木、种植地、自然角	人力资源、家长资源	图书资源、网络资源	购买的蓝本课程
3	我们在春天里	1. 在主动参与活动中感知和体会人与自然、人与人之间的和谐关系，在活动中表现出一定的独立性，形成主动、互助、合作的态度和行为。 2. 感知和发现春季气温、人们的活动、生物生长的变化等，感受春天生机勃勃的景象。 3. 通过多种途径了解清明节的来历与习俗。 4. 能积极主动参与清明节系列活动，理解生命的伟大，懂得珍惜当今的幸福生活。 5. 收集、采摘清明节美食的相关食材，学习制作清明时令食品，感知植物与人类的关系。 6. 主动参与清明祭扫活动，体会当地的清明节风俗。 7. 敬仰、怀念革命烈士，懂得珍惜现在的幸福生活。 8. 积极为清明踏春郊游做规划，感受大自然的美好。 9. 养成观察记录的习惯，学会用简图等方式记录探索发现的过程和现象。 10. 积极参加郊游、种植活动，用多种形式充分表达自己的经验、经历和情感，提高讲述、绘画、表演等能力，创造性地运用多种绘画工具和材料。 11. 学习用目测和自然测量的方法，比较、区别物体的远近，并用表格的形式进行记录。 12. 初步认识时钟，认识整点和半点。	4周	草地、树木、田野、种植地	家长资源、公园、烈士陵园、烈士故居*	网络资源、图书资源、（清明节绘本）*	购买的蓝本课程

续表

序号	主题名称	主题目标（价值分析）	主题持续时间	主要资源列举			主题来源
				自然	社会	文化	
4	人们的工作	1. 学习运用采访、交流等方法，了解父母及周围人们的工作及他们的工作与人们的关系。 2. 清楚、连贯地表述自己对成人劳动的感知，尊重成人的劳动成果；有初步的美好愿望，愿意长大后为了别人的幸福而努力工作。 3. 理解各行各业劳动对人们生活的意义，学习成人认真、细心、负责的工作态度。 4. 了解谜语的基本特征，学习自编谜语。 5. 感受劳动音乐的有力，用歌唱及打击乐等形式表现音乐的力度变化。 6. 认识人民币的"元、角、分"，能说出它们的单位名称，会兑数额为10元以内的纸币。学习理解数字10的不同组成、分解关系，并能进行加减运算。 7. 在户外活动中，通过骑小车、接网球等增强手、脚动作的协调性及反应的敏捷性。	3周	草地、树木、田野、种植地	家长资源	图书资源、网络资源	购买的蓝本课程
5	环保小卫士	1. 善于观察、了解、感知不同环境给人们带来的不同感受，了解环境状况与人们的关系，知道一些环境污染的原因。 2. 关注周围环境，树立保护、爱护周围环境的意识，并乐意用行动积极保护周围环境。 3. 能积极利用各种废旧材料进行合理创造，有变废为宝的意识。 4. 用轻快、亲切的歌声表达生命与环境的密切联系，体验同一首音乐由于演奏方法的不同所表现出的不同情感。 5. 会看图列算式，初步掌握应用题的句式结构并会编题，能初步感受量的守恒。	2周	草地、树木、种植资源	社区资源、家长资源、宣传海报	图书资源、网络资源	购买的蓝本课程

续表

序号	主题名称	主题目标（价值分析）	主题持续时间	主要资源列举			主题来源
				自然	社会	文化	
6	快乐的毕业时光	1. 知道端午节是我国的传统节日，参加端午节包粽子活动，深入感受端午节的文化习俗。 2. 收集包粽子的材料，学习用缠绕和包裹的方式包粽子。 3. 喜欢手工制作端午物品，并与同伴一起分享。 4. 感受中国传统节日美食，体验民俗活动的趣味性，有强烈的民族认同感。 5. 积极回忆在幼儿园的成长过程，体验成长的快乐，珍惜在幼儿园三年的时光。 6. 能围绕话题进行谈话，会用完整、连贯的语言清楚地表达自己的想法。 7. 感知幼儿园工作人员对自己的关心和爱护，感谢帮助自己快乐成长的人，愿意通过为幼儿园做力所能及的事来表达自己对幼儿园的热爱之情。 8. 用各种演唱形式表现歌曲的结构，用美好的歌声抒发对幼儿园与教师的深厚感情。 9. 了解小学少先队的活动，增强升入小学的愿望。 10. 感知立体图形在空间的存在形式，正确点数立方体。 11. 较清楚、连贯地讲述自己的成长故事，学习用连环画的形式记录下来。	4周	花草树木	小学资源、家长资源	网络资源、图书资源（端午节绘本）*	购买的蓝本课程

注：带 * 者是利用本书所谈资源开发的活动。

主题活动计划

主题活动计划一览表1

年度 2019—2020　　学期 第一学期　　年龄班 大班　　填表人 刘微微

主题名称	持续时间	活动名称	来源	主要资源
过了腊八就是年*	3周	年历	购买的蓝本课程	幼儿收集的新旧台历、挂历
		过了腊八就是年	自主开发的园本课程	童谣《过了腊八就是年》
		腊八节的传说故事	自主开发的园本课程	绘本《甜甜的腊八粥》
		一碗腊八粥	自主开发的园本课程	腊八粥图片、美工绘画材料
		情暖腊八	自主开发的园本课程	腊八粥食材、煮粥工具
		新年习俗大调查	自主开发的园本课程	家长资源、新年调查表
		新年到	购买的蓝本课程	绘本《我们的新年》
		酱蹄髈	自主开发的园本课程	家长资源、食材配料
		掸檐尘	自主开发的园本课程	竹子、羽毛
		爆冻米	自主开发的园本课程	爆冻米的有关视频、幼儿自带的冻米
		香香的饭糍干	自主开发的园本课程	家长资源、饭糍干、灶台、糯米
		福到了	自主开发的园本课程	"福"字，剪贴、印染、画图工具
		年画	自主开发的园本课程	图书资源、网络资源
		十二生肖	自主开发的园本课程	十二生肖有关图书
		廿四夜做团子	自主开发的园本课程	米粉、蒸团子的工具
		好看的糕团	自主开发的园本课程	筷子、印章
		办年货	自主开发的园本课程	超市、商场
		我家的年夜饭	自主开发的园本课程	网络资源
		我制作的年夜饭	自主开发的园本课程	美工区材料
		做蛋饺	自主开发的园本课程	做蛋饺的方法和图示、做蛋饺的工具
		做客人，拜新年	自主开发的园本课程	美工区材料
		联欢会的节目单	自主开发的园本课程	春晚视频
		新年集市	自主开发的园本课程	手工制作的新年礼物

续表

主题名称	持续时间	活动名称	来源	主要资源
在金色的秋天里	3周	美丽的秋天	购买的蓝本课程	秋天景色图片
		秋天的雨	购买的蓝本课程	蓝本幼儿画册
		秋天的树林	购买的蓝本课程	树林风景照及作品PPT课件
		我们的种植园地	购买的蓝本课程	幼儿园植物园
		摘果子	购买的蓝本课程	体育器械、自然资源
		剥花生	购买的蓝本课程	蓝本幼儿画册、花生
		预防秋燥	购买的蓝本课程	图片、适宜秋季的水果和饮品
		收集种子	购买的蓝本课程	各种农作物的种子
		种子的秘密	购买的蓝本课程	种子的调查表
		种子粘贴画	购买的蓝本课程	各种种子
		拾豆豆	购买的蓝本课程	配套音频
		学习5的组成	购买的蓝本课程	种子、记录单、笔
		移栽青菜	购买的蓝本课程	小菜秧、大青菜
		重阳节的故事*	自主开发的园本课程	绘本《重阳节的故事》《重阳节》
		小小贺卡献长辈*	自主开发的园本课程	卡纸、彩笔、剪刀
		泡杯菊花茶表敬意*	自主开发的园本课程	泡茶的干菊花
		巧手做菊花*	自主开发的园本课程	彩纸、剪刀、乳胶
		重阳糕*	自主开发的园本课程	赤豆、面粉、各类用具
		我为长辈做件事*	自主开发的园本课程	家长资源
		爷爷一定有办法*	自主开发的园本课程	绘本《爷爷一定有办法》
		我的爷爷奶奶*	自主开发的园本课程	家长资源
		秋天真美丽	购买的蓝本课程	秋天景色图片
		秋叶	购买的蓝本课程	各种树的叶子、音频资源
		秋游	购买的蓝本课程	社区周边、公园、农田
		数玉米	购买的蓝本课程	玉米
		种子的旅行	购买的蓝本课程	有关种子传播方式的图片或PPT课件
		忙碌的农民	购买的蓝本课程	布袋、沙包、垫子

注：带*者是利用本书所谈资源开发的活动。

主题活动计划一览表 2

年度 2019—2020　　学期 第二学期　　年龄班 大班　　填表人 刘微微

主题名称	持续时间	活动名称	来源	主要资源
我们在春天里	4 周	春天来到我们班	购买的蓝本课程	动植物
		桃树下的小白兔	购买的蓝本课程	蓝本幼儿画册
		柳树姑娘	购买的蓝本课程	有关柳树的音频、视频
		预防感冒*	自主开发的园本课程	网络资源、社会资源
		实物填补数	购买的蓝本课程	蓝本幼儿画册
		我们爱种植*	自主开发的园本课程	种子、种植地、家长资源
		春种忙	购买的蓝本课程	体育器材
		春天在哪里	购买的蓝本课程	音频、视频
		春天的秘密	购买的蓝本课程	与儿歌内容相符的图片、蓝本幼儿画册
		清明节大调查*	自主开发的园本课程	关于清明节的绘本、调查表
		挑马兰*	自主开发的园本课程	草地、田野、挑马兰的工具
		凉拌荠菜、马兰*	自主开发的园本课程	荠菜、马兰、烹饪配料
		好吃的青团*	自主开发的园本课程	青团制作方法、艾草、红豆沙
		麦芽塌饼*	自主开发的园本课程	石灰草、家长资源、麦芽塌饼制作视频
		做花圈*	自主开发的园本课程	制作花圈的材料
		扫墓*	自主开发的园本课程	吴江烈士陵园
		看红色电影，讲先烈故事*	自主开发的园本课程	电影《小兵张嘎》《鸡毛信》
		参观吴江烈士纪念馆*	自主开发的园本课程	吴江烈士纪念馆
		张应春的故事*	自主开发的园本课程	张应春的事迹
		参观张应春烈士故居*	自主开发的园本课程	张应春烈士故居
		古诗欣赏——《清明》*	自主开发的园本课程	与古诗情节相关的图片
		寻柳插柳*	自主开发的园本课程	公园、社区周边、家长

续表

主题名称	持续时间	活动名称	来源	主要资源
我们在春天里	4周	一起去踏青*	自主开发的园本课程	田野、公园、居住地周边
		花之舞	购买的蓝本课程	音频、视频
		测量远近	购买的蓝本课程	幼儿园器材
		做气象记录	购买的蓝本课程	天气预报视频
		春天	购买的蓝本课程	诗歌图片
		小蝌蚪找妈妈	购买的蓝本课程	美工材料
		认识时钟	购买的蓝本课程	钟表

注：带*者是利用本书所谈资源开发的活动。

主题活动计划一览表3

年度 2019—2020　　学期 第二学期　　年龄班 中班　　填表人 叶瑜琳

主题名称	持续时间	活动名称	来源	主要资源
我们居住的地方	4周	我居住的社区	购买的蓝本课程	蓝本幼儿画册、课件、调查表
		漂亮的房子	购买的蓝本课程	蓝本幼儿画册、各种房子的图片、美工材料
		数高楼	购买的蓝本课程	配套的音乐
		爱心小屋	购买的蓝本课程	蓝本幼儿画册
		造新房	购买的蓝本课程	运动器材、造房子的音乐
		认识地图	购买的蓝本课程	网络地图、家乡地图纸质版
		图形身份证	购买的蓝本课程	蓝本幼儿画册、图形操作材料
		我们的家乡	购买的蓝本课程	调查表
		家乡的特产	购买的蓝本课程	家乡特产图片和实物
		家乡的建筑	购买的蓝本课程	美工材料

续表

主题名称	持续时间	活动名称	来源	主要资源
我们居住的地方	4周	家乡的故事	购买的蓝本课程	家乡的故事
		神奇的桥	购买的蓝本课程	家乡的桥的照片、调查表
		学说家乡话	购买的蓝本课程	吴江方言童谣
		认识端午节*	自主开发的园本课程	端午节调查表
		屈原的故事*	自主开发的园本课程	绘本《屈原和端午》
		五月五是端午*	自主开发的园本课程	关于端午的儿歌、歌曲
		粽子里的故事*	自主开发的园本课程	绘本《粽子里的故事》《端午节》
		包粽子*	自主开发的园本课程	粽叶、粽绳、家长资源
		好吃的粽子*	自主开发的园本课程	端午节的各种粽子
		"五毒"衣*	自主开发的园本课程	"五毒"衣
		观看赛龙舟视频*	自主开发的园本课程	赛龙舟视频
		装饰龙舟*	自主开发的园本课程	废旧材料、幼儿园器材
		赛龙舟*	自主开发的园本课程	体育器材、龙舟
		咸咸的蛋*	自主开发的园本课程	鸭蛋、黄泥、稻草灰
		做香囊*	自主开发的园本课程	艾草、香囊袋子

注：带*者是利用本书所谈资源开发的活动。

方案设计

主题活动方案

⭐ 过了腊八就是年（大班）

一、收集活动 年历

活动缘起

教室里有一本大的年历,引起了幼儿的兴趣和讨论,他们在空余时间都喜欢去翻一翻、看一看。因此,我们开展了收集年历的活动。

活动准备

经验准备：幼儿见过年历,对年历有初步的了解。

工具和材料投放：年历汇总表。

收集对象和内容

收集生活中的各种年历,了解年历上的内容。

收集前谈话

1. 说一说平时在哪里可以看到年历。

2. 说一说年历上有什么内容。

收集后汇总、展示、交流和讨论

1. 幼儿介绍自己收集到的年历。

2. 幼儿观察、比较不同类型的年历（有日历、月历、台历、挂历等），知道年历有不同的类型。

3. 幼儿观察、了解年历上的主要内容，知道其意义（年、月、日、公历、农历、星期、节日）。

4. 幼儿在年历上找到当天，知道当天是哪一年，公历是几月几日，农历是几月几日，以及是星期几。

5. 幼儿从年历上找节日，找到离当天最近的节日是在几月几号，并知道是什么节日（腊八节），并把自己喜欢的标志贴在年历上腊八节的下面。

活动延伸

幼儿回家和父母一起看年历，熟悉年历上的节日标记，找找还有哪些节日。

（於婷文）

二、集体活动　过了腊八就是年

活动目标

1. 知道腊八节的时间、来历，了解春节的意义。

2. 通过调查和分享，结合年历了解腊八节和春节的关系，激发爱国情感。

活动准备

经验准备：幼儿已完成"我知道的腊八节"调查，了解腊八节。

工具和材料投放：节日相关图片、"我知道的腊八节"调查表、年历、记号笔、记录纸。

活动过程

（一）从观察在腊八节上贴了标记的年历导入

1. 师：上次我们给年历上的这一天贴了个标记，为什么？

2.师：这一天是什么节日？这一天是公历几月几日？是农历几月几日？

（二）知道腊八节的名称和当地风俗

1.幼儿分享"我知道的腊八节"调查表。

师：这一天是腊八节，你知道怎么过腊八节吗？

2.教师播放童谣《小孩小孩你别馋》，引导幼儿理解"过了腊八就是年"的含义。

（三）在年历上找出腊八节、除夕夜和春节

1.幼儿分组观察年历，找出腊八节、除夕夜和春节，知道腊月就是农历十二月，农历十二月的最后一天就是除夕夜，也叫大年夜，大年夜的下一天就是新年的第一天，叫春节。

2.数一数：从腊八节到除夕夜还有多少天？

（四）活动小结

腊八节到了，说明马上要过新年了，每家每户在过新年之前都要做很多准备。

活动延伸

1.教师在表演区播放童谣《小孩小孩你别馋》，引导幼儿哼唱、念诵，进一步感受过节的乐趣。

2.教师将年历投放到科学益智区，鼓励幼儿在年历上寻找其他中国传统节日，并学会做记录。

3.幼儿回家问家长过新年要做哪些准备。

活动反思

活动从幼儿生活出发，以直接出示标记腊八节的年历导入，让幼儿在观察年历的过程中对公历、农历时间产生浓厚的兴趣，运用记录方式和已有的数学经验感知时间的距离，通过朗朗上口的童谣了解"过了腊八就是年"的含义。从身边资源入手，鼓励幼儿运用调查、分享的方式增进对腊八节的了解；将收集到的年历、挂历等作为教具和学具，通过引导幼儿寻找年历上的其他传统节日，充分联结幼儿已有的学习经验，打开将节日资源融入幼儿生活的通道。

（张彩霞）

三、收集活动　腊八节的传说故事

活动缘起

农历腊月初八是腊八节，它是中国传统节日之一。每个传统节日都有相关民间传说故事，幼儿想知道关于腊八节有什么传说故事及腊八节怎么过，于是我们就开展了腊八节的传说故事收集活动。

活动准备

经验准备：幼儿知道如何有礼貌地面向成人进行传说故事的收集。

工具和材料投放：有关腊八节的绘本。

收集对象和内容

师幼共同收集腊八节传说故事的音频、绘本、图片等，了解腊八节的由来，知道腊八节有喝腊八粥的习俗，感受节日带来的温暖和快乐。

收集前谈话

1. 师幼讨论通过什么方式收集有关腊八节的传说故事。

2. 幼儿分组制订收集计划。

收集后汇总、展示、交流和讨论

1. 幼儿说一说自己收集到的传说故事内容及相关情况。

2. 幼儿一起汇总收集的内容。

3. 幼儿将收集的内容展示在阅读陈列区。

4. 教师鼓励幼儿翻阅图书，聆听音频，并能根据图书内容讲述腊八节的故事。

活动延伸

鼓励幼儿将腊八节传说故事讲给他人听。

（汝燕飞）

四、区域活动 一碗腊八粥

经验联结

幼儿知道了腊八节要吃腊八粥,他们也想自己做腊八粥,但是腊八粥里有哪些食材呢?教师把食材投放到活动区域,让幼儿认识和感知这些食材。

活动目标

1. 了解腊八粥食材的营养价值,知道不同地域的腊八粥的口味不同。
2. 能根据自己的喜好和需要,进行腊八粥配料。

活动准备

经验准备:幼儿已阅读绘本《一碗腊八粥的故事》,知道腊八粥的基本食材。

工具和材料投放:腊八粥食材、记录纸、小杯子、小篮子。

活动内容

1. 幼儿讨论腊八粥的各种食材的味道和营养价值。
2. 幼儿分组挑选自己喜欢的食材,进行腊八粥配料,并做好记录。
3. 幼儿分享自己的配料情况。

活动要求

1. 对于小米、糯米、红豆一类"体型"较小的食材,可以以"杯"为单位来计数。
2. 对于核桃、红枣、莲子一类"体型"较大的食材,可以以"颗"为单位来计数。
3. 配料时要小心,当心食材的浪费。

活动延伸

生活延伸:熬制小组配好的腊八粥,尝一尝自己配制的腊八粥。

(费 芳)

五、劳动活动 情暖腊八

活动缘起

腊八节快到了，幼儿根据自己的喜好和需要，配好了腊八粥，接下来就是煮粥活动了。幼儿在腊八节一起体验制作腊八粥，并把腊八粥分享给幼儿园的每个人，感受过节的快乐。

活动准备

经验准备：幼儿知道腊八粥的制作方法。

工具和材料投放：腊八粥食材、腊八粥制作过程图片、电饭锅、碗、勺子。

活动内容

1. 幼儿了解煮粥方法，分组清洗食材，尝试根据一定的比例调配食材与水，煮腊八粥。
2. 幼儿讨论分组活动，分组（清洗组、煮粥组、派粥组、宣传组、秩序组）进行活动。

活动前谈话

1. 幼儿分享自己了解到的煮粥方法和注意事项，讨论如何煮出干净、卫生、好吃的腊八粥。
2. 幼儿通过讨论明确各小组的任务。
3. 幼儿讨论在分享腊八粥时要注意些什么。

活动中的巡回指导

1. 教师提醒清洗组清洗干净食材，把坏掉的豆子挑拣出来。
2. 教师关注煮粥组的水和食材的比例，指导幼儿安全使用电饭锅。
3. 教师提醒派粥组在盛粥时注意安全。
4. 教师引导宣传组和秩序组维护好现场秩序，用热情礼貌的语言引导弟弟妹妹们有序喝粥。

活动后交流和讨论

问题：

1. 在煮粥过程中，你遇到了什么困难？是怎么解决的？
2. 对于今天的活动，你有什么感受？

活动延伸

家庭延伸：回家和父母一起煮腊八粥，并与家人分享。

区域延伸：用自己喜欢的方式把分享腊八粥的活动记录下来，和同伴互相分享。

（董婷婷）

六、调查活动 新年习俗大调查

活动缘起

对于幼儿来说，过新年是一件开心的事，那么基于幼儿立场的迎新年活动应该是怎样的呢？我们开展了针对幼儿园教职工的新年习俗大调查活动，让幼儿了解和感受不同地域的新年习俗。

活动准备

经验准备：幼儿知道马上要过年了，有做调查的经验。

工具和材料投放：调查记录表。

调查对象和内容

幼儿对幼儿园里的教师、保育员、保安等工作人员进行调查，了解他们分别是哪里人，他们的家乡在过年前要做哪些准备，以及他们在过年时有哪些开心的事。

调查前谈话

1. 每个小朋友都可以对幼儿园里的大人做调查。
2. 做好调查计划：你想去对谁做调查？你想问他哪些问题？
3. 将调查到的情况记录下来。
4. 可以分组合作去做调查。

调查后汇总和讨论

幼儿按小组交流各自调查到的内容，整理出调查结果，将过年前和新年里要做的事情一一记录下来，列出安排表。

活动附件

新年习俗调查表

被调查人：	
调查人：	班级：
1.你的家乡在哪里？	
2.在你的家乡，过年前要做哪些准备？	
3.你的家乡有哪些美食？	
4.过年时，你有哪些开心的事？	

（马筱远）

中国节

七、集体活动 新年到

活动目标

1. 初步了解新年相关知识。
2. 借助图谱理解动作，学唱歌曲，并尝试看图进行歌词创编。
3. 感受旋律及和同伴一起参加音乐活动的乐趣。

活动准备

经验准备：幼儿有过年的经历。

工具和材料投放：过年放鞭炮视频、《新年到》歌曲图谱、伴奏乐曲等。

活动过程

（一）导入——教师播放过年视频

师：这是什么节日？人们在干什么？人们的心情是怎样的？

（二）学习歌曲《新年到》

（三）尝试对歌词进行创编

教师出示人们过节的图片，引导幼儿尝试看图进行歌词创编。

活动延伸

家庭延伸：幼儿回家将所学歌曲唱给家人听。

生活延伸：教师将《新年到》歌曲作为背景乐在一日活动中适时播放。

活动反思

本次活动从幼儿的周围生活出发，提供的过年图片中的情景都是幼儿经历过的。新年热闹、愉快的氛围感染了幼儿，因此幼儿在演唱歌曲时是欢快的、积极的、投入的。幼儿能根据经验和所看到的事物创编歌词，用表情和动作表现过年的快乐。教师从生活出发，寻找到有价值的课程资源以促进儿童经验的提升,构建幼儿的社交生活圈,拓展幼儿的发展空间。

(於婷文)

八、劳动活动　酱蹄髈

活动缘起

在进行新年大调查时,幼儿了解到在吴江当地,腊八节过后,家家户户就开始为过年做准备了。做酱蹄髈、酱肉就是准备活动之一。蹄髈有"走动"的意思,象征着亲朋好友有来有往、互相帮扶。吃年夜饭和请客都会吃酱蹄髈,寓意事业兴旺、学业有成、生意兴隆,步步高升。新年活动正如火如荼地开展,幼儿对于调查到的内容都想体验一次。

活动准备

经验准备:幼儿已了解新年吃酱蹄髈的习俗,知道它的美好寓意。

工具和材料投放:腌好的酱蹄髈、相关视频;新鲜的猪蹄髈、猪肉(每组一份)、盐、酱油、料酒、腌肉器皿。

活动内容

观察酱蹄髈的特征,尝试使用调料腌制猪蹄髈和猪肉。

活动前谈话

1. 教师出示酱蹄髈,请幼儿看一看、闻一闻,并说一说对酱蹄髈的感受。

2. 教师提问幼儿什么时候吃酱蹄髈、怎么做酱蹄髈,幼儿自由讨论并大胆表达自己的想法。

3. 教师播放关于酱蹄髈的视频,帮助幼儿了解相关习俗。

活动中的巡回指导

1. 教师提醒幼儿在做酱蹄髈、酱肉前,先把蹄髈肉清洗干净,在腌制过程中把调料涂抹均匀。
2. 系好小围裙,注意衣物整洁。
3. 酱蹄髈腌制一段时间后要拿出来晾晒。

活动后交流和讨论

教师组织幼儿讨论交流做酱蹄髈、酱肉时的感受,分享遇到的问题,一起解决问题。

活动延伸

家庭延伸: 幼儿回家后可以和家长一起腌制酱蹄髈、酱肉。

生活延伸: 将腌好的酱肉烹饪煮熟后,进行品尝。

区域延伸:

1. 幼儿调查新年美食,教师在美工区投放材料,让幼儿制作新年美食。
2. 幼儿可在角色区开展新年美食品尝会,将在美工区制作好的美食投放到角色区。
3. 幼儿可在生活区观察酱肉在腌制过程中的变化,比较颜色、味道等方面的不同,并用图画的形式进行简单记录,一个星期后将酱肉拿出来在通风处晾晒。

(王佳瑶)

九、劳动活动 掸檐尘

活动缘起

"腊月二十四,掸尘扫房子",大家在过年前要打扫卫生,干干净净过年,寓意"除尘迎新"。幼儿对掸檐尘活动很期待,幼儿园先在腊月二十四前进行一次掸檐尘,让幼儿通过亲自参与劳动活动,体验劳动带来的快乐和满足。

活动准备

经验准备：幼儿知道掸檐尘是过年前的一项"除尘迎新"工作。

工具和材料投放：鸡毛掸子、抹布、帽子、围裙等。

活动内容

幼儿使用鸡毛掸子有序地将教室和走廊的灰尘、蜘蛛网清除干净。

活动前谈话

1. 教师播放人们打扫房屋的视频给幼儿观看，让幼儿讨论人们用到了什么工具。
2. 教师出示劳动工具，如鸡毛掸子，幼儿讨论如何使用鸡毛掸子。
3. 幼儿讨论分工、分区域打扫卫生。

活动中的巡回指导

教师提醒幼儿要按从高到低、从上到下的顺序掸灰尘，对于比较高的地方，可以加长鸡毛掸子的把手或站在椅子上，但要注意安全。打扫的时候要戴好口罩，还要避免灰尘进入眼睛。

活动后交流和讨论

教师组织幼儿讨论劳动时的困难与收获，表达新年愿望。

活动延伸

区域延伸：教师将除尘工具投放在生活区，供幼儿随时使用。

家庭延伸：幼儿与父母一起在家掸檐尘。

（杨薇薇）

十、参观活动 爆冻米

活动缘起

新年将至,街头又摆上了爆冻米的小摊。在享受美味的冻米糕的同时,幼儿对爆冻米时震耳欲聋的巨响好奇又害怕。于是我们希望通过组织现场参观爆冻米活动,引导幼儿初步观察制作冻米糕的过程,感受爆冻米的热闹气氛。

活动准备

经验准备:幼儿看过爆冻米的过程,教师事先和爆冻米的人联系好,商定相关事宜。

工具和材料投放:米、白糖、菜油、芝麻等。

参观对象和内容

教师组织幼儿到爆冻米摊,现场和爆冻米人一起放米、油等材料,初步了解爆冻米所需材料和制作冻米糕的过程。

参观前谈话

教师通过谈话提醒幼儿仔细观察,了解爆冻米的基本过程。同时要注意安全,如:保持一定的观察距离,在爆冻米发出巨响时记得捂住耳朵等。

参观后汇总和讨论

参观结束后,组织幼儿讨论参观内容,梳理相关经验,如爆冻米的基本步骤有哪些。爆冻米时经常有大人、小孩来排队,街头更加热闹,预示着新年即将来到。

活动延伸

教师把爆好的冻米和冻米糕带回幼儿园,组织幼儿一起品尝。

(张福英)

十一、劳动活动 香香的饭糍干

活动缘起

幼儿在调查时了解到吴江本地过年前有准备饭糍干的习俗。逢年过节，有客人来访时，主人抓一把饭糍干放在碗里，加上白糖，用开水一泡，就是软糯清香的饭糍干茶。幼儿对饭糍干充满了好奇，产生了浓厚的探索兴趣，特别是品尝到了实物后，都想试着做一做香香的饭糍干。

活动准备

经验准备：幼儿品尝过饭糍干，知道这是吴江人逢年过节招待客人的美食，知道饭糍干是用糯米饭做的。

工具和材料投放：已经煮熟的糯米、锅子、油、铲子。

人力支持：一名会做饭糍干的家长。

活动内容

幼儿知道饭糍干的制作程序和方法。

活动前谈话

1. 幼儿观看视频，回忆吃饭糍干时的美好情景。
2. 幼儿讨论香香的饭糍干是如何做出来的。

活动中的巡回指导

教师提醒幼儿观察做饭糍干时需要几个人，他们是如何分工的，做饭糍干有哪些动作，以及在制作过程中闻到了什么，想到了什么。

活动后交流和讨论

幼儿讨论自制饭糍干的味道，说说品尝刚做好的饭糍干的感受。

活动延伸

幼儿将制作好的饭糍干分享给弟弟妹妹们品尝。

（沈灵燕）

十二、区域活动　福到了

经验联结

春节即将到来，幼儿知道有贴"福"字的过年习俗，他们也想亲身体验一下贴"福"字。

活动目标

1.认识"福"字的大致外貌，初步了解贴"福"字习俗的寓意。

2.愿意动手装饰"福"字，用自己喜欢的方式去大胆创作，并在活动中感受到快乐。

活动准备

经验准备：幼儿了解新年习俗，知道剪贴、涂色、印染等技巧。

工具和材料投放：空白的"福"字、剪刀、颜料、蜡笔、彩纸、自然材料（红豆、绿豆、红枣、花生、桂圆等）。

活动内容

幼儿自主选择材料，用自己喜欢的方式对空白的"福"字进行装饰创作（包括裁剪和粘贴）。制作完成后相互展示介绍，最后将"福"字赠送给弟弟妹妹们。

活动要求

1.欣赏各种各样的"福"字，感受艺术形式的多样性。

2.要沿着黑色轮廓线剪。

指导要点

1.教师指导幼儿做整体的装饰，而不是把材料集中起来装饰一处。

2.教师鼓励幼儿用自己喜欢的方式或多种材料进行装饰。

3.教师告知幼儿剪刀的使用技巧和注意事项。

活动延伸

区域延伸： 将毛笔和宣纸投放到美工区，幼儿模仿着写"福"字，装饰"福"字，并去其他班级及教师办公室进行送"福"字活动。

（许豪杰）

十三、集体活动　年画

活动目标

1. 欣赏年画，感知年画的色彩鲜艳、画面丰富、留白少等特点。
2. 理解年画内涵，并感受年画呈现出的快乐、喜庆、吉祥的氛围。
3. 能大胆创作表现自己美好愿望的年画作品。

活动准备

经验准备： 师幼共同收集过年画，有将活动室布置成年画展览厅的经验。

工具和材料投放： 《年年有余》挂图、《喜洋洋》《新年好》等喜庆的过年背景音乐。

活动过程

（一）初步感知年画的特点

1. 教师播放背景音乐，幼儿欣赏年画，自由地交谈、讨论。

2. 教师小结：年画给人的感觉是非常喜庆、热闹、吉祥的，是过年的时候贴的，它的特点是色彩鲜艳、画面丰富、留白少。

（二）欣赏《年年有鱼》的构图和色彩

1. 幼儿观察画面中男孩的表情，体会"年年有鱼"的喜庆气氛。

2. 幼儿通过左右遮盖比较法，感受画面的均衡、构图的饱满。

3. 教师小结："年年有鱼"是"年年有余"的谐音，寓意生活一年比一年富足，表达了人们的美好愿望。

（三）设计年画

1. 教师邀请幼儿设计年画，幼儿说出美好的愿望。

2. 幼儿自由创作，教师巡回指导。

（四）展示讲评

幼儿展示作品，大胆表述自己对年画的感受。

活动反思

本次活动采用分散、自由欣赏和讨论的方式，让幼儿初步感受年画的不同形式和内容，并有针对性地对几幅较典型的年画进行集体欣赏、讲述，使幼儿对年画的特点有进一步的认识，同时为幼儿提供大胆、清楚地表达自己的想法和感受的机会。教师要及时了解幼儿绘画时遇到的困难，让他们真正了解年画的内容和含义。

（周双春）

十四、集体活动 十二生肖

活动目标

1. 了解十二生肖的来历、轮回情况及排列顺序。

2. 知道每个人都有自己的生肖属相。

3. 喜欢自己的生肖属相，并大胆进行相关交流。

活动准备

经验准备：幼儿事先了解自己及家人的生肖属相。

工具和材料投放：十二生肖图片、绘本《十二生肖的故事》、十二生肖头饰。

活动过程

（一）谈话导入

师：你们知道自己的属相是什么吗？猜猜你的好朋友的属相是什么。

（二）基本部分

1. 教师用边讲边提问的方式讲述故事。

2. 了解十二生肖的轮回情况。

（1）师：故事中一共出现了几种动物？我们一起来数一数吧！

（2）教师带领幼儿依次说出十二生肖的名称。

（3）教师小结：故事中一共有十二种动物。中国每年都将一种动物作为生肖，在这一年出生的人就为此生肖属相，十二种动物即被称为十二生肖。

3. 教师再次讲述故事，并请幼儿说一说十二生肖的排列顺序。

师：这十二种动物是怎么排列的？

（三）结束部分：做游戏

幼儿分成两组比赛，按照十二生肖的顺序排队，哪一组先完成，哪一组就获胜。

活动延伸

区域延伸：将十二生肖的头饰投放到表演区供幼儿进行角色表演。

家庭延伸：家长带领幼儿阅读十二生肖的有趣故事。

活动反思

本次活动让幼儿认识了十二种小动物，激发了幼儿对中国传统文化的热爱。活动前先让幼儿了解自己的属相及家中成员的属相，丰富幼儿的前期经验。活动中通过故事和儿歌帮助幼儿记忆十二生肖的排列顺序；用游戏的方式加深幼儿对十二生肖的了解，幼儿很快就记住了十二生肖的排列顺序，并喜欢上唱十二生肖儿歌。

（马筱远）

十五、劳动活动　廿四夜吃团子

活动缘起

"廿四夜吃团子"寓意一家团团圆圆、幸福美满。在吴江，每年腊月二十四日过小年，做团子、送团子、吃团子是必做的。幼儿想要一起做团子，体验过小年的快乐。

活动准备

经验准备：幼儿了解"廿四夜做团子"的由来，有做汤圆的经验。

工具和材料投放：糯米粉、水、各种馅料、粽叶、盆、蒸锅、围裙、袖套等。

活动内容

幼儿选择在不同区域做团子，分区合作制作团子。

活动前谈话

1. 师:你吃过什么馅的团子?在过年前哪一天是要做团子、吃团子的?

2. 观看做团子的视频,了解做团子的要领:先将米粉和成不粘手的米粉团,再取一小团,揉成球状,用大拇指在米粉球上按个坑,然后将大拇指放在坑内,将米粉球捏成碗状,放入馅料,封住洞口,团成圆形,摆在粽叶上放入蒸笼。

活动中的巡回指导

教师提醒幼儿和面要用烫水,分多次、少量加水。要使劲揉,直至米粉团表面光滑、不粘手、不裂口,但米粉团也不能太湿,否则做好的团子容易瘪。加入馅料后搓团子时,要轻轻地搓,不能把皮搓得太薄,否则容易破。把做好的团子放在剪好的方形粽叶上,在蒸熟的团子上印上红红的花纹表示喜庆。

活动后交流和讨论

问题:做团子有什么感受?是怎么和面的?遇到问题时是如何解决的?

活动延伸

1. 将蒸好的团子送给教师和小朋友品尝,一起感受过小年的快乐。幼儿在腊月二十四日和家长一起做团子。

2. 在区域中投放材料让幼儿继续体验做团子。

(茆红娟)

十六、区域活动　好看的糕团

经验联结

苏式糕团一直是吴江人生活中不可或缺的美食，它保留着最地道的吴江小吃风味。糕团也是过年前需要准备的食物。

活动目标

1. 知道吴江糕团的寓意，感受糕团上的花纹排列美及花样组合美。
2. 能大胆利用种子设计糕团的花纹，体验创意美术的乐趣。

活动准备

经验准备：幼儿欣赏和品尝过吴江的各类糕团。

工具和材料投放：吴江各类糕团的图片，各类种子、轻黏土。

活动内容

1. 欣赏吴江各类糕团的图片，知道吴江糕团的寓意，感受糕团上花纹的美。
2. 选择自己喜欢的种子进行花纹创作。

活动要求

教师引导幼儿先设计好花纹，再进行创作。幼儿应根据自己的需要取放橡皮泥，制作结束后要将材料收拾整理好。

指导要点

教师提醒幼儿取种子时要互相谦让，同时保持作品的干净整洁。

活动延伸

区域延伸：将制作好的糕团送到"娃娃家"，玩"新房子上梁""乔迁""嫁娶""孩子满月"等游戏；将制作好的糕团投放到"小吃店"，玩买卖糕团的游戏。

（邱丽群）

十七、劳动活动　办年货

活动缘起

在春节来临之际，人们为迎接春节做着各项准备，农历腊月二十八日是吴江地区人们集中购买年货的日子，俗称"轧廿八"。本次活动意在创造真实的采买环境，让幼儿直接尝试购买年货。

活动准备

经验准备：幼儿有和家长一起购物的经验。

工具和材料投放：食品包装袋，5元、1元面值人民币若干，购物篮，新年音乐。

活动内容

1. 简单了解"轧廿八"的来历，知道其全称、日期和意义。

2. 通过看看、说说，了解春节人们购买年货的习俗。

3. 尝试用8元购买年货，体验购买年货的快乐。

活动前谈话

1. 问题：马上要过年了，家里人为过春节做了哪些准备？

2.幼儿了解过新年需要的东西叫作"年货"。购买年货是中国人过春节的习俗,农历腊月二十八日那天集中采买年货在吴江地区叫作"轧廿八"。

3.幼儿准备 8 元采买年货,说说想用 8 元买什么。

4.幼儿了解采买规则。

活动中的巡回指导
教师提醒幼儿注意采买的年货是用来做什么的,以及是不是在 8 元的购买范围内。

活动后交流和讨论
幼儿集体交流所购买的年货的类型、价格,以及所购买的年货的用途。

活动延伸
家庭延伸:家长带领幼儿去超市采买年货,让幼儿置身于真实的买年货场景,感受迎接新年的欢乐氛围。

(姚勤勤)

十八、生活活动 我家的年夜饭

活动缘起
快过年了,幼儿自发地讨论起过年习俗,尤其是说到年夜饭时,他们表现出了强烈的分享欲,但他们并不知道年夜饭的菜肴中藏着美好的寓意。为了让幼儿更加直观地认识年夜饭的"吉祥菜",促进他们了解本地的年夜饭文化,我们开展了本次活动。

活动准备
经验准备:家长在除夕夜向幼儿介绍过年夜饭的每道菜,并介绍了其寓意。

工具和材料投放:幼儿家的年夜饭照片(每人一张)、吃年夜饭时的视频。

活动内容和方式

1. 照片或视频展示。

在午餐后,幼儿出示自己带来的年夜饭照片或视频,介绍自己家的年夜饭,并说一说每道菜的寓意。

2. 说说吉祥话

根据年夜饭的菜肴图片,幼儿尝试用"吃一口××,新的一年××"的句式说吉祥话。

活动中的指导

1. 教师引导幼儿用完整的语言介绍自己家的年夜饭。

2. 教师指导幼儿根据菜肴的颜色、形状来联想它的美好寓意。

活动延伸

区域延伸:幼儿在游戏区开办"饭店",自主收集各种材料来装饰"饭店",完成菜单的设计、菜品的制作等。

家庭延伸:幼儿回家后将吉祥话说给家人听,与爸爸妈妈一起了解中国各地的年夜饭文化。

(胡翊萍)

十九、区域活动　我制作的年夜饭

经验联结

幼儿知道过年要吃年夜饭,以及年夜饭的每道菜都有美好的寓意。他们想做一做年夜饭,把美好的祝福送给好朋友,一起感受过年的快乐氛围。

中国节

活动目标

1. 能自主选择合适的材料制作年夜饭的菜肴。
2. 乐意参与活动,对过年充满憧憬。
3. 能大胆地创造富有美好寓意的年夜饭菜肴,愿意向同伴介绍自己制作的菜肴。

活动准备

经验准备:幼儿已了解大年夜的习俗,知道过年时一家人要团聚在一起吃年夜饭。

工具和材料投放:白色纸盘、彩纸、皱纹纸、海绵纸、记号笔、水彩笔、蜡笔、颜料、颜料盘、剪刀、胶棒、超轻黏土、抹布等。

活动内容

幼儿以绘画、剪贴、撕、捏等多种方式,用自己喜欢的材料制作自己最喜欢的年夜饭菜肴,并将其装在白色纸盘里。

活动要求

1. 要将纸盘装满菜肴。
2. 使用颜料时轻轻蘸取,对于多余颜料,可在颜料盘边上刮下来。
3. 做好后,互相介绍自己做的菜肴。

指导要点

教师引导幼儿先想好要做什么菜,再去找合适的材料,并给自己做的菜取个名字,把其蕴藏的美好寓意讲给其他小朋友听。

活动延伸

区域延伸:幼儿在角色区进行关于过年的扮演游戏。

家庭延伸:幼儿尝试在过年时与家人一起制作年夜饭,做一些力所能及的事。

（胡翊萍）

二十、劳动活动　做蛋饺

活动缘起

过年前，家家户户会备齐年货，制作各种点心、新年菜肴等，其中蛋饺是必不可少的。在过年活动中，幼儿尝试制作蛋饺，体验做蛋饺的乐趣。

活动准备

经验准备：幼儿知道什么是蛋饺，知道它是由鸡蛋和肉制作而成的。

工具和材料投放：拌好的猪肉馅、鸡蛋液、食用油、电磁炉、平底锅、筷子、蒸锅。

活动内容

幼儿尝试制作蛋饺。

活动前谈话

1. 幼儿观看做蛋饺步骤图，了解制作要领：先用勺子取一部分蛋液，将其摊开变成圆圆的蛋皮，放上肉馅，再用圆形的蛋皮包住肉馅，变成一个半圆形，最后将制作好的蛋饺上锅蒸熟。

2. 想一想：做蛋饺需要什么材料？

活动中的巡回指导

1. 教师提醒负责调蛋液的幼儿将蛋液调匀。

2. 教师提醒幼儿要按步骤进行：先放一点油，再放一勺蛋液摊开，然后把肉馅放在蛋皮中间，最后将蛋皮对折成半圆形。

3. 教师指导幼儿翻蛋皮时不要将其戳破。

4. 教师提醒幼儿注意安全，身体不要碰到锅，防止烫伤。

活动后交流和讨论

师：蛋饺是怎么做的？你觉得哪一步比较难？我们一起来画蛋饺制作步骤图吧！

活动延伸

请食堂阿姨制作蛋饺美食，如蛋饺粉丝汤。

（李悦岚）

二十一、生活活动　做客人，去拜年

经验联结

按照吴江当地习俗，人们在大年初二要去亲戚、朋友家做客，向长辈拜年。家长带着孩子去亲戚朋友家做客和说祝福话，可以帮助幼儿了解过年习俗，学习中华民族敬老爱幼的传统文化，并在传统的"走亲戚"活动中感受过年的欢乐气氛。

活动目标

1. 幼儿感受过年时热闹喜庆的气氛，了解春节拜年的一些习俗。

2. 幼儿学说一些拜年祝福语，如"万事如意""身体健康""长命百岁""恭喜发财"等。

活动准备

经验准备：幼儿已有对辈分不同的人说一些合适的拜年祝福语的经历。

工具和材料投放：各色礼盒、糖果等。

活动内容

家长带着幼儿去亲戚、朋友家做客，引导幼儿给亲戚、长辈送上美好的祝福。

活动要求

1. 幼儿去做客时带上自己准备的礼物。

2. 幼儿对主人说几句美好的祝福语，做到自然大方。

活动中的指导

家长引导幼儿边做拜年动作边说祝福语,学会待人接物。

活动延伸

幼儿在游戏区"娃娃家"一起品尝美味的糕点和糖果,"大人"给"宝宝"发红包。

(周雪红)

二十二、集体活动 联欢会的节目单

活动目标

1. 能用准确的语言描述自己的本领,并用绘画的方式表现出来。
2. 积极愉快地参与活动设计,增强对联欢会活动流程的体验感。

活动准备

经验准备:幼儿对春节有一定的了解。

工具和材料投放:春节联欢会视频、勾线笔、纸。

活动过程

(一)谈话导入,激发幼儿对春节联欢会的兴趣

1. 教师播放春节联欢会视频,幼儿观看视频,并说一说自己的想法。
2. 教师引导幼儿再次观看视频,引出春节联欢会的话题。

(二)分组讨论,了解开展春节联欢会的基本流程

1. 教师鼓励幼儿运用已有经验说一说自己知道的春节联欢会。
2. 幼儿分组讨论春节联欢会节目单,教师巡视指导。

（三）制定节目单

1. 幼儿介绍自己的拿手节目。

2. 师幼共同探讨节目顺序,确定节目单。

（小结：经过大家的商讨,春节联欢会节目单终于制定好了,接下来大家一起布置教室来为联欢会做准备吧。）

活动延伸

开展春节联欢会,庆祝春节的到来。

活动反思

在本次活动中,幼儿根据已有的过节经验来策划联欢会。幼儿积极表达自己的想法,特别是在"自己的本领"表演环节进行清楚的讲述,让活动内容更加丰富多彩。

（周　静）

二十三、劳动活动　新年集市

活动缘起

新年快到了,在前期活动中,幼儿利用区域活动自制了体现春节氛围的"年货"——新年贺卡、鞭炮、春联、手工袋、剪纸、灯笼等。我们进一步开展"新年集市"活动,让幼儿深入体验新年的热闹氛围。

活动准备

经验准备：经过家园沟通，家长了解了"新年集会"的活动意图，并配合幼儿园及幼儿做好前期准备，如带领幼儿前往超市及农贸市场，感受买年货的氛围。

工具和材料投放：幼儿自制的"新年集市"邀请函、收款箱、促销海报等，幼儿自制的"年货"或自带的玩具、书籍等。

活动内容

幼儿一起参与"新年集市"活动，布置"年货"专柜，并挑选自己喜欢的"年货"，以公道的价格进行自主买卖，感受热闹、快乐的新年节日氛围。

活动前谈话

1. 幼儿分享前期逛新年集市的经验，商议开办"新年集市"需要做哪些准备。

2. 幼儿分组布置"年货"专柜，与教师一起制定"新年集市"的活动规则。

（1）选择场地。

（2）布置环境，摆放"年货"。

（3）制定价格。

3. 幼儿分发邀请函，邀请其他班级的小朋友及教师（或家长）前来参加"新年集市"活动。

活动中的巡回指导

1. 教师指导幼儿在"新年集市"活动中向"顾客"大胆介绍本摊位的"年货"或商品，学会推销自己的物品。

2. 教师指导幼儿对"顾客"做到微笑服务。

活动后交流和讨论

1. 问题：在"新年集市"活动中，你碰到了哪些问题？你又是如何解决这些问题的？
2. 问题：怎么处置在"新年集市"上赚的"钱"？你有什么好的想法？

活动延伸

1. 将"新年集市"剩余的"年货"用于布置班级环境或赠送给亲朋好友。
2. 商议如何将在"新年集市"上赚的"钱"捐给慈善机构。

（徐　琳）

 系列活动方案

 快乐端午（中班）

一、收集活动　认识端午节

活动缘起

农历五月初五是端午节，它是中国传统节日之一，也是传统文化的教育资源。本次活动就是引导幼儿去深入了解端午节。

活动准备

经验准备：幼儿知道端午节马上要到了，通过家长了解了一些简单的节日信息。

工具和材料投放："我知道的端午节"调查表、端午节的图片和视频。

收集对象和内容

幼儿通过向成人问询、阅读图书、上网搜索等途径认识端午节,知道端午节的由来和习俗。

收集前谈话

1. 基于以下问题去收集信息:几月几日是端午节?端午节有什么含义?端午节有哪些活动?

2. 幼儿可以和家长一起完成调查表,通过向成人询问、上网搜索、阅读关于端午节的书籍及纪录片等方式来收集信息,在调查表上做好记录。

收集后汇总、展示、交流和讨论

1. 幼儿说一说自己调查到的情况,以及自己在端午节最想做的是什么。

2. 幼儿一起汇总节日调查表。

3. 幼儿在教室里展示节日调查表,向同伴介绍自己调查到的内容。

活动延伸

区域延伸:教师在阅读区张贴有关端午节习俗的各种图片,让幼儿看一看。

家庭延伸:家长和幼儿一起参加当地的端午节庆祝活动。

活动附件

"我知道的端午节"调查表

班级:_____   姓名:_____

端午节为每年的农历五月初五,又称端阳节、五日节、五月节、龙舟节等。请小朋友和爸爸妈妈一起查一查、找一找,收集端午节的来历和习俗的相关资料,并用图文并茂的形式记录下来。		
来历故事	当地风俗	传统美食

(朱宇阳)

二、集体活动　五月五是端午

活动目标

1. 幼儿在"看看、听听、说说"中学习朗诵端午节儿歌。
2. 幼儿能够仔细观察、耐心倾听，并能完整连贯地讲述自己的所见所闻。
3. 幼儿能够感受到传统节日的快乐氛围。

活动准备

经验准备：幼儿有过端午节的经历，或者听长辈讲过端午节的有关事情。

工具和材料投放：端午节有关图片（艾叶、香囊、"五毒"衣、粽子、白糖、咸鸭蛋等）。

活动过程

（一）图片导入，引起幼儿的兴趣

1. 幼儿通过图片认识艾叶、香囊、"五毒"衣、粽子、白糖、咸鸭蛋等。
2. 幼儿说一说各种端午节节日习俗。

（二）幼儿学习唱儿歌

1. 教师有示范感情地朗诵儿歌。
2. 教师边朗诵儿歌边出示图片，帮助幼儿理解和记忆儿歌内容，并请幼儿边说边逐句出示相关图片。
3. 师幼一起边看图片边朗诵儿歌。
4. 幼儿通过做不同动作来巩固对儿歌内容的学习。
5. 幼儿用集体表演、分组表演、个别表演等不同形式来朗诵儿歌。

（三）亲子活动

幼儿回家问一问爸爸妈妈端午节还有什么习俗。

活动延伸

区域延伸： 在美工区提供多种材料让幼儿制作"粽子"；在角色区提供制作好的"粽子"，鼓励幼儿进行情景演示；在表演区提供不同的乐器，鼓励幼儿有节奏地表演端午儿歌。

活动反思

幼儿通过此次活动可以感受节日的快乐氛围，体验中国传统文化的源远流长。本次活动动静交替、形式多样，通过图片和节奏动作开展"看看、听听、说说"的儿歌学习活动，帮助幼儿养成认真观察、仔细倾听的习惯，鼓励幼儿完整连贯地讲述自己的所见所闻。在活动开始时，以端午节习俗的相关图片导入可以激发幼儿的兴趣，加深他们对端午节习俗的认知，引导他们有意识地感知儿歌内容；在学习儿歌环节，通过图片和节奏动作，形象且有趣地引导幼儿学习和记忆儿歌内容，调动幼儿的多种感官，以不同形式的儿歌朗诵反映学习成果，让幼儿在玩中学、在学中玩。教师要持续观察活动后幼儿的反应，可以借助不同的乐器支持幼儿有节奏地朗诵儿歌，巩固儿歌学习成果。

活动附件

端午儿歌

五月五，是端阳，插艾叶，挂香囊。

"五毒"衣，身上穿，吃粽子，蘸白糖。

咸鸭蛋，喷喷香，赛龙舟，喜洋洋。

（黄静静）

三、集体活动 粽子里的故事

活动目标

1. 幼儿在"看看、猜猜、说说"中理解故事内容,并乐意大胆表达自己的想法。

2. 幼儿能够根据画面讲述"粽子里的故事",体验端午节吃粽子、讲故事的快乐。

活动准备

经验准备:幼儿有关于粽子的生活经验。

工具和材料投放:《粽子里的故事》PPT课件、各种口味的小粽子。

活动过程

(一)经验回忆,谈话导入

问题:你吃过粽子吗?我们会在什么节日吃粽子?你吃过什么味道的粽子?

(二)看图观察,理解画面

1. 问题:这些粽子里包了什么呢?我们一起听一听故事吧。

2. 教师讲述故事,随着情节的发展提问:老奶奶把什么包进了粽子里?她为什么这么做?

3. 教师鼓励幼儿观察图片,并帮助小动物把粽子里的故事讲述出来。

(三)玩"悄悄话"游戏

1. 教师请幼儿吃粽子,要求幼儿吃完后用固定句式说出粽子里的秘密,如"我的粽子里有一个甜甜的故事"。

2. 幼儿分组自主品尝各种味道的粽子,并用悄悄话和同伴进行讲述分享。

(四)幼儿讲述粽子里的故事

活动延伸

区域延伸:在表演区教师鼓励幼儿戴上自制动物头饰,进行故事表演; 教师在语言区投放绘本《粽子里的故事》《端午节》，幼儿阅读后进一步了解端午节的来历和习俗。

活动反思

本次活动让幼儿在有趣的故事情节中了解端午节吃粽子的习俗活动。以端午节为节日背景资源，教师激发了幼儿观察故事图片、讲述故事的兴趣。教师创设了宽松的语言环境，通过"品尝粽子"和"说悄悄话"的游戏、区域延伸等活动，使幼儿对生活情景和阅读活动产生了浓厚的兴趣。

（张彩霞）

四、劳动活动　包粽子

活动缘起

幼儿知道端午节有吃粽子的习俗，在阅读绘本《粽子里的故事》的过程中产生了包粽子的兴趣。在幼儿产生兴趣的前提下，我们组织开展了包粽子活动，使幼儿通过调查、讨论、实操获得愉快的过节体验。

活动准备

经验准备：幼儿看过包粽子视频，了解粽子的种类，知道包粽子的步骤。

工具和材料投放：粽叶、糯米、腌好的肉、赤豆等。

活动内容

幼儿尝试用粽叶包粽子。

活动前谈话

1. 问题：你喜欢吃什么口味的粽子？
2. 幼儿分组讨论本组准备制作何种口味的粽子，并对包粽子需要的食材进行分配、摆放。
3. 幼儿观看包粽子视频，了解包粽子的技法、流程及注意事项。

活动中的巡回指导

1. 教师指导幼儿包粽子，鼓励他们如果失败了也不要气馁，要反复尝试。

2. 教师提醒幼儿注意每个粽子中肉和糯米的比例。

3. 教师提醒幼儿系紧绳子，以免粽子散开。

活动后交流和讨论

1. 问题：你们小组在包粽子时遇到了哪些困难，是如何解决的？

2. 幼儿投票选出哪一组的粽子包得最好。

3. 问题：你准备跟谁一起分享美味的粽子？

活动延伸

生活延伸：把包好的粽子送到食堂进行烹煮，与弟弟妹妹们分享美味的粽子。

（张丽红）

五、生活活动　好吃的粽子

活动缘起

幼儿通过小组合作，完成了包粽子。当天的小点心是自己包的粽子，看着这些香喷喷的粽子，幼儿有了更多的话题。

活动目标

1. 说一说粽子的形状和味道，能清晰表达出粽子是甜甜的或咸咸的。

2. 在品尝粽子、交流感想中感受过节的愉快氛围。

活动准备

经验准备：幼儿有剥粽子、吃粽子的经验，知道粽子是怎样剥的。

工具和材料投放：幼儿制作的熟粽子和自带的熟粽子、剥粽子的工具（剪刀、刀具等）。

活动内容和活动方式

1. 教师展示幼儿自己煮熟的粽子和收集来的各种形状的粽子，让幼儿看一看、摸一摸，了解粽子的不同外形特点，知道甜、咸等不同口味。

2. 教师鼓励幼儿自己探索不同的剥粽子方式，并品尝粽子。

活动中的指导

教师引导幼儿说出最常见的粽子外形（三角形、长方形等）、粽子种类（甜粽、蛋黄粽、肉粽等），鼓励幼儿说一说自己剥粽子的方法，在指导幼儿探索剥粽子的方式时使用安全的方法。

活动延伸

区域延伸：幼儿在美工区选择自己喜欢的材料表现粽子的各种特征。

（朱宇阳）

六、区域活动　"五毒"衣

经验联结

幼儿了解到端午节前后吴江地区有穿"五毒"衣的习俗，也收集到了家里长辈给小朋友缝制的"五毒"衣。衣服上的五种毒虫有"以毒攻毒，祛灾防病"的寓意。这五种毒虫是什么呢？这激发了幼儿的探究兴趣。

活动目标

1. 幼儿知道孩童端午节穿"五毒"衣的习俗来历，能说出"五毒"的名称。

2. 幼儿运用剪贴的方式独立完成"五毒"衣的制作。

活动准备

经验准备：幼儿会用剪刀，能大致沿着轮廓剪下图案。

工具和材料投放：成品"五毒"衣两件、裁剪好的"五毒"衣黄色纸轮廓底板、"五毒"动物图案、剪刀、胶棒。

活动内容

幼儿观察"五毒"衣的色彩和图案，辨认"五毒"图案中动物的名称，剪贴"五毒"动物，完成"五毒"衣的制作。

活动要求

幼儿在纸上有序粘贴蝎子、蛇、蜈蚣、蜘蛛、蟾蜍五种毒虫。

指导要点

教师指导幼儿在剪纸粘贴过程中正确使用剪刀和胶棒。

活动延伸

区域延伸：幼儿基于对"五毒"衣的认知经验，在益智区圈出操作纸上的"五毒"。在角色区幼儿对自制的"五毒"衣进行展示和售卖，开展端午节服装秀活动。

（柳骁飞）

七、生活活动　观看赛龙舟视频

活动缘起

赛龙舟是端午节的习俗活动之一。太湖流域一直有端午节赛龙舟习俗，赛龙舟时整齐划一的动作，有力的鼓声、呐喊声吸引着人们参与到活动中。带有地方特色的赛龙舟活动激发了幼儿的兴趣。

活动准备

经验准备：幼儿认识龙舟，了解龙舟的基本构造。

工具和材料投放：赛龙舟图片、视频等。

活动内容和方式

1. 幼儿观看各地开展赛龙舟活动的相关视频，对端午节活动产生兴趣。
2. 幼儿开展讨论活动：你看到了什么好玩的比赛？大家是怎么划龙舟的？你的感受是什么？

活动中的指导

1. 教师指导幼儿认真观看赛龙舟视频，感受画面内容。
2. 教师指导幼儿在观看赛龙舟视频的过程中尝试做一做划龙舟的动作。

活动延伸

晨间锻炼：幼儿玩一玩体育游戏"划龙舟"。

（刘微微）

八、集体活动　赛龙舟

活动目标

1. 幼儿自由探索使龙舟前进和后退的方法。
2. 幼儿尝试学习听口令赛龙舟，增强动作的灵活性。
3. 幼儿体验赛龙舟的乐趣。

活动准备

经验准备：幼儿有赛龙舟的探索经验。

工具和材料投放：体育器材龙舟、打鼓音乐、铃鼓。

活动过程

（一）韵律导入，自由探索

1. 教师在打鼓声中带着幼儿入场，并带领幼儿做简单的身体律动。

2. 教师出示龙舟器材，并提问：这是什么呀？你是怎么玩的？

3. 师幼交流、小结：原来龙舟可以前进，也可以后退，真是太有趣了！

（二）听口令赛龙舟

1. 教师出示铃鼓，说出口令：铃鼓声"咚咚咚"，龙舟就前进；铃鼓声"哗哗哗"，龙舟就后退。

2. 幼儿尝试听口令玩赛龙舟游戏。

3. 幼儿交流经验：注意听口令，在各自的赛道内形成一条直线。

4. 幼儿进行听口令赛龙舟接龙游戏，教师提出游戏要求：听到"咚咚咚"后，龙舟前进到指定地点；听到"哗哗哗"后，龙舟退到起点，然后换人接龙。教师要提醒幼儿注意安全。

5. 教师评出优胜小组并给予表扬。

（三）结束活动

1. 幼儿们跟着音乐进行放松运动（拍拍手、拍拍腿，放松一下肩膀，动动脚……）。

2. 教师对表现好的幼儿给予表扬鼓励，并做好经验总结。

活动延伸

区域延伸：教师在美工区投放各种颜色的硬卡纸、画笔、剪刀，鼓励幼儿自制"龙舟"。在益智区投放一些制作好的"龙舟"、图形卡片，鼓励幼儿进行有规律地粘贴装饰。

活动反思

这是以"动"为主的活动，比较符合幼儿的兴趣特点，有利于调动幼儿的积极性。整个活动注重实践性、趣味性，寓教于乐。本次活动主要是让幼儿学习听口令赛龙舟，增强幼儿动作的灵活性。本次活动分为三个环节：首先，通过韵律激发幼儿的兴趣，使幼儿在自由探索中发现龙舟可以前进和后退，感受探索的乐趣；其次，幼儿通过听口令尝试使龙舟前进和后退，培养反应能力及动作的灵活性；最后，幼儿在赛龙舟接龙游戏中体验兴奋感与紧张感。本次活动以幼儿为主体，注重"玩中探究、玩中交流、玩中体验"，激发和培养了幼儿对有民族特色体育活动的兴趣，也体现了幼儿积极主动、认真专注、敢于探究和尝试的良好品质。本次活动也存在一些不足，如部分幼儿在比赛时不能严格遵守游戏纪律，不会安静地排队等候，教师要注重培养幼儿的规则意识，以更好地支持体育游戏的开展。

（黄静静）

九、区域活动　咸咸的蛋

经验联结

幼儿在端午节风俗调查中了解到端午节有吃咸鸭蛋的习俗。对于咸咸的鸭蛋是怎么制成的，幼儿比较好奇。有的说："我看到爷爷把烂泥裹在鸭蛋上。"有的说："把鸭蛋放在盐里它就变咸了"……于是，咸鸭蛋制作活动就开展起来了。

活动目标

1. 用洗、称、搅等多种方式制作咸鸭蛋。
2. 学会水、盐的正确配比，体验制作咸鸭蛋的快乐。

活动准备

经验准备：幼儿吃过咸鸭蛋，调查了制作咸鸭蛋的简单方法。

工具和材料投放：生鸭蛋、水、黄酒、盐、密封罐、电子秤等。

活动内容

幼儿将鸭蛋洗净，用电子秤对鸭蛋、水、盐进行称重，将盐和水按1∶5配比，把鸭蛋放入装有盐水的罐子内，将罐子密封好，放置在阴凉处。

活动要求

幼儿在清洗、浸泡鸭蛋时做到轻拿轻放，最后将罐子密封好。

指导要点

教师指导幼儿在清洗咸鸭蛋时，要一手拿住鸭蛋，一手拿好抹布在水里清洗；能按500 g盐、1 500 g冷开水的比例配好、搅匀盐水；正确使用密封罐，确保盐水水位高于鸭蛋。

活动延伸

生活延伸：幼儿在午餐时吃咸鸭蛋。

区域延伸：幼儿记录咸鸭蛋的腌制天数。

（邱琛洁）

十、区域活动　做香囊

经验联结

端午节有挂香囊驱虫护体的习俗。有一名幼儿的奶奶做了一个香囊挂在幼儿的衣服上，其他幼儿都非常好奇香囊里面装着什么。幼儿通过闻一闻、摸一摸增强了探索的兴趣。于是，我们请幼儿回家与家长一起调查了解香囊的作用和香囊里面装了什么,幼儿在无形中认识了各种各样的草药。

活动目标

1. 幼儿能欣赏香囊,知道香囊里的艾草、薄荷等物可以驱虫。
2. 幼儿制作艾草香囊,增强动手能力。

活动准备

经验准备:幼儿知道艾草是一种药材,其气味可驱蚊;已经认识艾草、薄荷,并在幼儿园找到了艾草、薄荷。

工具和材料投放:成品香囊、香囊袋子,幼儿园里晒干的艾草、薄荷等。

活动内容

幼儿欣赏成品香囊,观察香囊的外形结构,闻一闻香囊的气味,动手制作香囊。

活动要求

1. 幼儿能区分艾草和薄荷,并在制作香囊时做到适量取用。
2. 幼儿在制作香囊后将多余材料整理归位。

指导要点

教师指导幼儿用气味、形状等特征来区分艾草和薄荷,用手撑开香囊袋子,同时用另一只手取艾草、薄荷塞入香囊,至八分满时可以拉紧香囊口的抽绳将香囊系紧。

活动延伸

区域延伸:幼儿在表演区展示自己制作的香囊;将制作好的香囊放到"超市"里去卖。

(邱琛洁)

元宵节（中班）

一、区域活动　做花灯

经验联结

幼儿知道元宵节有赏花灯的习俗，在了解各式各样的花灯的基础上，产生了制作花灯的兴趣。师幼共同收集了各种材料，开始设计、制作花灯。

活动目标

1. 能根据需要自主选择材料，分组设计花灯。
2. 尝试运用画、剪、贴等多种方式自制花灯。

活动准备

经验准备：幼儿欣赏过各种各样的花灯，会打蝴蝶结。

工具和材料投放：制作花灯的各种材料（各种形状的纸盒、彩纸、废旧图书、剪刀、蜡笔、胶棒、彩线）、花灯图片。

活动内容

幼儿利用各种废旧材料，用画、剪、贴等多种方式自制花灯。

活动要求

1. 幼儿在制作前先想好要怎么做，可以先画设计图，再根据需要选择材料。
2. 幼儿发挥想象力，大胆制作造型不同、花纹不同的花灯。

指导要点

1. 教师指导幼儿观察花灯的组成，按步骤制作花灯。

2. 教师指导幼儿安全使用剪刀，在组装花灯时多贴一点双面胶，以便粘贴牢固。

活动延伸

1. 幼儿欣赏自己制作的花灯，并评选出"最美花灯"。

2. 师幼共同布置花灯展，在走廊、大厅悬挂自制花灯。

3. 幼儿收集灯谜，开展"赏花灯，猜灯谜"活动。

（张丽红）

二、生活活动　猜灯谜

活动缘起

幼儿知道元宵节有猜灯谜的习俗，亲自收集了谜语。我们追随幼儿的兴趣，把幼儿收集到的谜语挂在了他们自制的花灯下面，利用散步和户外活动时间，带领幼儿玩猜灯谜游戏。

活动目标

1. 初步了解灯谜的结构，知道灯谜有谜面和谜底两部分。

2. 能自觉遵守猜谜游戏的游戏规则，体验猜灯谜的快乐，感受节日气氛。

活动准备

经验准备：幼儿玩过猜谜语游戏。

工具和材料投放：悬挂好灯谜的自制花灯。

活动内容和活动方式

1. 幼儿集体交流灯谜的创作经验，说说灯谜的组成。

2. 师幼欣赏花灯，教师读谜面，幼儿大胆猜一猜谜底。

活动中的指导

1. 教师引导幼儿认真分析谜面，鼓励幼儿大胆猜测谜底。

2. 教师给猜对谜底的幼儿适当的奖励。

3. 教师请猜不出谜底的幼儿提出自己的问题，大家共同解决。

活动延伸

家庭延伸：幼儿将学会的谜语说给爸爸妈妈听，让他们来猜谜底。

生活延伸：幼儿在日常生活中，和家长、教师、同伴玩猜谜语游戏。

（张丽红）

三、区域活动　元宵舞龙乐

经验联结

舞龙是中国传统体育活动之一，民间常常以舞龙舞狮活动来闹元宵。元宵节前夕，社区舞龙队走进了幼儿园，向幼儿展示了精彩的舞龙表演，幼儿对舞龙活动产生了浓厚的兴趣，萌发了进行舞龙表演的愿望。

活动目标

1. 尝试听口令与同伴一起协调地做动作。

2. 乐意参加舞龙表演，懂得遵守同伴合作的游戏规则。

活动准备

经验准备：幼儿看过社区老年舞龙队的舞龙表演。

工具和材料投放：利用废旧横幅自制的舞龙道具、平衡木、彩球、鼓。

活动内容

幼儿运用自制舞龙道具和同伴进行合作表演。

活动要求

1. 幼儿能按照舞龙人数，参与舞龙表演活动报名，学会记录报名人数。
2. 幼儿能分工合作完成表演。

指导要点

1. 教师提供舞龙活动参与人数报名表，让幼儿明确分工，如可安排五人一组舞龙，一人做引龙人，四人舞龙。
2. 教师做好表演场地规划，让幼儿有足够的空间进行表演，确保活动安全。
3. 教师可引导幼儿使用彩球和鼓，尝试根据鼓点节奏快速或慢慢地舞龙。

活动延伸

区域延伸：在美工区，教师提供废旧横幅、彩纸等，让幼儿参与舞龙道具的制作。

生活延伸：幼儿向其他班级的小朋友展示舞龙。

（张彩霞）

四、劳动活动　做元宵

活动缘起

本活动旨在通过幼儿自制元宵，使他们感受到中国传统习俗及节日的快乐氛围。"做元宵"活动，符合幼儿的教育需求，对加深幼儿的社会认知有一定的作用。

活动准备

经验准备：幼儿吃过元宵，学习过揉、搓的技能，观看过家长做元宵。

工具和材料投放：糯米粉、点心盘、垫板、围裙、小袖套（每人一份）。

活动内容

幼儿观看视频，用揉、搓等技能学做元宵。

活动前谈话

1. 教师以元宵节的美食为话题激发出幼儿制作元宵的兴趣。

2. 教师鼓励幼儿和同伴讨论吃过的元宵的颜色和口味。

3. 教师和幼儿一起讨论元宵的制作方法。

活动中的巡回指导

1. 教师提醒幼儿穿好围裙并洗手，做好美食制作前的手部清洁。

2. 教师观察并指导：在糯米粉中加入适量水，将糯米粉揉成一个大球，再在上面取一小块放在手心揉一揉，搓一搓，搓成小圆球状。

3. 当幼儿加水过多或过少时，教师可及时提供帮助，确保幼儿完成揉粉团。

活动后交流和讨论

1. 幼儿欣赏自己做好的元宵,分享自己动手制作元宵的感受。
2. 师幼讨论制作中出现的问题与困难,教师表扬与肯定幼儿在活动中的表现。

活动延伸

1. 幼儿将制作好的元宵放进电饭锅煮熟,和同伴一起品尝,体验过元宵节的快乐。
2. 幼儿回家尝试和家长一起制作不同口味的元宵。

(孙思易)

⭐ 忆清明(大班)

一、调查活动 清明节大调查

活动缘起

清明节是中国传统节日,是祭奠祖先、亲人和缅怀革命先烈及英雄的节日。幼儿尝试通过多种途径收集清明节的相关资料,了解清明节的来历及习俗,积累感性经验,为接下来的活动做准备。

活动准备

经验准备:家长协助幼儿用图画、数字等方式填写清明节调查表,并尝试用语言大胆对表格内容进行表述。

工具和材料投放:清明节调查表,与清明节有关的图片、绘本等。

调查对象和内容

调查对象:父母或祖父母。

调查内容： 收集清明节由来小故事、清明节习俗。

调查前谈话

1. 讨论：你想用什么方式对长辈做调查？你想问哪些问题？
2. 幼儿介绍调查表，一起探讨如何做记录。

调查后汇总和讨论

幼儿分组交流，向大家讲述自己收集到的关于清明节的故事或习俗，并汇总调查结果。

活动附件

清明节大调查

班级：＿＿＿＿＿＿＿＿＿＿　　　　姓名：＿＿＿＿＿＿

小朋友，你知道清明节是什么节日吗？今年的清明节是几月几号？清明节是怎么来的？清明节有哪些需要做的事？记录时如果有困难，可以请爸爸妈妈协助自己用图文结合的方式来完成，并且自己要讲一讲。	
今年的清明节是哪一天？	
清明节的来历故事有哪些？	
在清明节要做的事有哪些？	
你和家人是怎么过清明节的？	

（周双春）

二、劳动活动　挑马兰

活动缘起

清明时节，万物复苏，幼儿园的草地上、小山坡上长出了很多的马兰。散步时，教师和幼儿一起观察、讨论马兰，因而幼儿知道了马兰是野菜的一种，是可以吃的。幼儿萌发了探寻马兰的兴趣。"马兰花，马兰花，风吹雨打都不怕，勤劳的人儿在说话……"伴随着朗朗上口的童谣，挑马兰活动开始了。

活动目标

1. 幼儿能正确区分马兰和野草。
2. 幼儿能用正确的方法挑马兰。

活动准备

经验准备：幼儿已经初步知道马兰的外形特征，在幼儿园里寻找过马兰。

工具和材料投放：挑马兰的剪刀、小铲子、小篮子。

活动内容

挑马兰。

活动前谈话

问题：

1. 你知道马兰长什么样吗？它的根部是什么颜色的？
2. 你知道幼儿园哪里有马兰吗？

3.挑马兰时我们要注意些什么？

活动中的巡回指导

1.教师指导幼儿通过观察比较，辨别马兰。

2.教师指导幼儿正确使用工具：要用剪刀从马兰根部剪，要用小铲子铲到泥土下面的根上。

活动后交流和讨论

问题：

1.你们小组在挖马兰时遇到了什么困难，是如何解决的？

2.马兰怎么吃？

活动延伸

生活延伸：把挑来的马兰清洗干净，准备烹饪。

（张丽红）

三、生活活动　凉拌荠菜、马兰

活动缘起

幼儿进行了挑马兰活动。为了丰富幼儿的经验，教师又向幼儿介绍了吴江当地人们常吃的另一种野菜——荠菜，让幼儿通过认识特征不同、口味不同的两种野菜，体验动手制作美食的乐趣。

活动准备

经验准备：幼儿认识荠菜和马兰，有一定的烹饪经验。

工具和材料投放：各种调味品、餐具、洗菜筐、围裙、菜板等。

活动内容和方式

1. 幼儿观察、比较荠菜和马兰：看一看、闻一闻，对荠菜和马兰加以区分。

2. 幼儿分小组、按步骤进行劳动：洗菜，择菜—浸泡，清洗—入锅煮熟—捞起滤水—加作料凉拌。

3. 幼儿品尝荠菜、马兰，体验劳动的乐趣。

活动中的指导

1. 教师指导幼儿在择菜环节先把黄叶掐掉，然后用剪刀把野菜根剪掉。

2. 在凉拌加作料环节，教师可以用勺数来表示加的量数。

3. 教师提醒幼儿注意保持个人卫生和食材的干净、新鲜。

活动延伸

区域延伸：在科学区做野菜的简介展示，包括外形特征、生长环境、食疗作用等；在生活区开设野菜小饭店，制作野菜饺子。

生活延伸：教师组织幼儿在幼儿园及周边寻找野菜。

（柳骁飞）

四、劳动活动　好吃的青团

活动缘起

清明节吃青团是流传至今的民间习俗，青团也是清明时节的时令美食。制作青团能让幼儿更好地了解清明节，认识到食物的来之不易，通过品尝青团来享受自己的劳动成果，品味成功的喜悦。

活动准备

经验准备：幼儿已经掌握了揉、搓等简单的面点制作技巧。

工具和材料投放：PPT课件（包括制作青团所需要的材料图片、制作步骤图片）、艾叶、糯米粉、水、提前焯水粉碎的艾叶、红豆沙馅球、粽叶、蒸屉、成品青团、南瓜叶等。

活动内容

幼儿学习分工制作青团。

活动前谈话

1. 幼儿熟悉青团的制作步骤，掌握搅拌、揉、搓、包等青团制作技巧。

2. 幼儿探讨青团制作过程中需要注意的事项。

活动中的巡回指导

1. 教师指导幼儿将豆沙搓成一个个小球，以方便被包入青团里。

2. 教师提醒幼儿不要把青团皮捏得太薄，以免破皮。

3. 教师指导幼儿制作记录表。

活动后交流和讨论

教师请每个小组展示制作的青团及记录表，分享遇到的问题及解决方法。

活动延伸

1. 幼儿品尝青团，感受青团的美味，讨论品尝青团后的感受。

2. 教师展示制作青团的步骤和照片，提供材料，以便于幼儿制作青团。

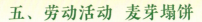

五、劳动活动 麦芽塌饼

活动缘起

麦芽塌饼是吴江特色糕点，在清明节前夕，家家户户都会做麦芽塌饼。本次活动让幼儿运用多种感官参与，以及进行实践，了解并学会制作麦芽塌饼，激发幼儿的热爱生活、家乡和大自然之情。

活动准备

经验准备：幼儿品尝过麦芽塌饼，分组合作绘制过麦芽塌饼制作流程图，看过麦芽塌饼制作视频。

工具和材料投放：米粉、麦芽粉、石灰草、豆沙、芝麻、盘子、毛巾等。

活动内容

幼儿观看麦芽塌饼的制作视频，学习制作麦芽塌饼。

活动前的谈话

1. 教师带领幼儿观看视频，讨论麦芽塌饼制作流程，并说说在制作过程中有什么值得注意的地方。

2. 教师根据制作步骤图片，帮助幼儿梳理麦芽塌饼的制作过程，即和粉（米粉、麦芽粉、石灰草混合）—分面团—搓圆—捏壳—装馅儿—团圆—压扁—刷油—上蒸架—油煎，重点介绍捏壳和团圆的技巧。

石灰草　　　　　米粉　　　　　豆沙馅　黄豆馅　　核桃肉　冬瓜糖　　黑芝麻　白芝麻　　绵白糖　麦芽粉

活动中的巡回指导

教师指导幼儿尝试制作麦芽塌饼,特别是要掌握搓和团的技巧,防止馅儿因装得太满而漏出来。

活动后交流与讨论

幼儿品尝麦芽塌饼,说说麦芽塌饼的味道及口感。

活动延伸

生活延伸:幼儿与家长一起了解江南一带具有代表性的风味小吃,如青团、梅花糕、定胜糕、百货糕、菜花头塌饼、冬至团子等。

区域延伸:教师在美工区提供橡皮泥及制作风味小吃的模具,让幼儿学习制作更多的家乡小吃。

(徐 琳)

六、区域活动 制作花圈

经验联结

幼儿已经对扫墓活动及扫墓需要准备的物品做过讨论,教师在美工区投放了做花圈的材料,幼儿自主选择材料,与同伴合作制作花圈,为接下来的扫墓活动做准备。

活动目标

1.学习用皱纹纸制作花朵,并能和同伴运用简单的组合、排列方式制作花圈。

2.在活动中,萌发对革命先烈的尊敬与缅怀之情。

活动准备

经验准备：幼儿对扫墓活动及需要准备的物品有所了解；玩过皱纹纸，会用皱纹纸制作简单的花朵。

工具和材料投放：花圈图片、皱纹纸、剪刀、线、双面胶、旧体操圈、硬纸板挽联等。

活动内容

幼儿利用皱纹纸制作花朵，和同伴合作对做好的花朵进行排列组合并固定在圆形物体上做成花圈。

活动要求

1. 讨论：做花圈需要哪些材料？需要哪些工具？怎样运用这些材料？
2. 在固定花朵时，幼儿思考怎样摆放及固定花圈。（同伴间商讨并做尝试）

指导要点

1. 教师引导幼儿观察花圈上花朵的排列，鼓励幼儿按颜色对制作好的花朵进行排列组合。
2. 教师引导幼儿分工合作完成花圈的制作。

活动延伸

幼儿在清明节参与吴江烈士陵园扫墓活动，并献上自己制作的花圈。

（茆红娟）

七、劳动活动　扫墓

活动缘起

扫墓祭祖是清明节的习俗之一。在前期的区域活动中，幼儿已经进行了花圈的制作。每年清明节本地的革命烈士陵园都有扫墓活动。我们利用地域资源，带领幼儿参加此次活动。

活动准备

经验准备：幼儿知道扫墓祭祖是清明节的习俗之一，了解扫墓的流程。

工具和材料投放：扫墓图片、前期制作的花圈等。

活动内容

幼儿去吴江烈士陵园扫墓。

活动前谈话

1. 幼儿讨论清明节扫墓祭祀的意义。

2. 幼儿讨论前往吴江烈士陵园扫墓的流程及注意事项。（利用图片，组织幼儿商讨）

活动中的巡回指导

教师教育幼儿在扫墓过程中不能玩耍打闹，要庄严肃穆，保持安静并遵守活动秩序，默哀时低头、肃立、不随便讲话，以此表示对革命先烈的尊重与敬仰。

活动后交流和讨论

讨论：在扫墓的过程中，你是怎么做的？你心里有什么感受？

活动延伸

幼儿观看红色电影，进一步加深对革命烈士的敬仰之情，珍惜如今来之不易的幸福生活。

（姚勤勤）

八、生活活动 观红色电影，讲先烈故事

活动缘起

扫墓后，幼儿园组织幼儿"观红色电影，讲先烈故事"，培养幼儿爱党、爱国的情怀，将小小的红色种子厚植在其心灵。

活动准备

经验准备：幼儿知道小英雄的名字，简单了解其英雄事迹。

工具和材料投放：红色电影视频、红色故事书籍等。

活动内容和方式

1.通过家长资源，幼儿收集有关小英雄的书籍和故事。根据幼儿的年龄特点，教师精心挑选适合幼儿观看的《小兵张嘎》《小英雄雨来》《鸡毛信》等红色经典影片，并对喜欢的影片进行集体投票，在每周二、周四午餐后散步时间及分享活动中放映得票最多的电影。

2.教师引导幼儿在表演区、图书区当"红色故事宣传员"，讲红色故事，继承优秀传统，传承红色精神。

活动中的指导

1. 挑选的电影内容要积极向上、健康活泼、富有童趣。

2. 幼儿用普通话讲故事,语言清晰,讲述流畅,声音响亮;精神饱满、落落大方,动作、表情生动自然。

活动延伸

幼儿制作红色影片放映海报。

(姚勤勤)

九、参观活动　参观吴江烈士纪念馆

活动缘起

在清明节到来之际,为弘扬爱国主义精神,深切缅怀革命烈士,幼儿园充分利用本土地域资源,基于大班幼儿参观吴江烈士陵园的契机进行革命传统教育,培养幼儿爱家乡、爱祖国的情感。

活动准备

经验准备:幼儿了解张应春等烈士的英雄事迹。

参观对象和内容

幼儿参观吴江烈士陵园,瞻仰纪念碑及烈士浮雕,了解张应春烈士及其他烈士甘于奉献、勇于牺牲的英雄事迹。

参观前谈话

1. 讨论并确定活动路线:全体师生从幼儿园步行出发—瞻仰纪念碑—参观革命历史纪念馆,聆听先烈的英雄事迹—整队回园。

2.参观时的要求及注意事项：遵守活动秩序，保持安静，在参观过程中不嬉戏打闹，要以崇敬的态度瞻仰烈士纪念碑，了解烈士的英雄事迹。

参观后汇总和讨论

1.幼儿讨论通过参观革命纪念馆了解到了哪些烈士的英雄事迹。

2.幼儿说一说参观后的感受，谈一谈长大后想成为什么样的人。

活动延伸

生活延伸：幼儿回家给爸爸妈妈说说参观烈士陵园的事情，讲一讲张应春烈士的英雄事迹。

（沈　颖）

十、集体活动　张应春的故事

活动目标

1. 学习张应春烈士坚韧不拔、英勇不屈的精神。
2. 树立远大理想，勤奋学习、积极进取，为实现自己的理想而努力。
3. 认真倾听故事，产生热爱家乡的自豪感。

活动准备

经验准备：幼儿在活动前了解张应春烈士的故事

工具和材料投放：张应春的图片、张应春烈士陵园的图片。

活动过程

（一）图片导入，引起兴趣

教师出示张应春及张应春烈士陵园的图片。

（二）了解张应春及其英雄事迹

（三）语言游戏：提问接龙

幼儿排成一列横队，第一个幼儿转身问第二个幼儿："你想向张应春学习什么？"第二个幼儿回答："坚韧不拔！"第二个幼儿向第三个幼儿提问："你想向张应春学习什么？"以此类推。

（四）活动总结

幼儿谈谈自己的理想。

活动延伸

区域延伸：幼儿在阅读区向同伴讲述张应春的英雄事迹；幼儿在美工区用画笔画出自己心目中的张应春。

活动反思

本次活动让幼儿认识了张应春烈士，了解了张应春烈士的生平事迹，学习了张应春烈士坚韧不拔、英勇不屈的精神；树立了远大理想，愿意为实现自己的理想而努力；深刻体会到了当下生活的来之不易，培养了爱家乡、爱祖国的情感。

（邱龙妹）

十一、参观活动　参观张应春烈士故居

活动缘起

清明节期间开展"参观张应春烈士故居"活动，可以让幼儿通过向革命烈士致敬来追念革命烈士的高贵品质，树立继承先烈遗志、长大后建设祖国的理想。

活动准备

教师规划好参观路线。

参观对象和内容

幼儿参观张应春烈士故居,知道其位置,了解张应春烈士故居的陈设及张应春烈士的英勇事迹。

参观前谈话

1. 幼儿了解张应春烈士的生平事迹,说一说参观路线。

2. 师幼探讨参观过程中的注意事项。

参观后汇总和讨论

1. 总结此次参观活动:你今天参观了什么地方?你在参观过程中看到了什么?

2. 讨论:参观后,你有什么感受?

活动延伸

区域延伸:教师在语言区收集烈士事迹、英雄故事,让幼儿聆听并对有关事情有所了解,试着说一说。

(邱龙妹)

十二、集体活动　古诗欣赏——《清明》

活动目标
1. 幼儿欣赏古诗,初步理解古诗的内容。
2. 幼儿感受古诗的清明意境,愿意有感情地朗诵古诗。

活动准备
经验准备:幼儿知道清明节,了解一些清明节习俗。

工具和材料投放:与古诗内容相符的图片、古诗配乐。

活动过程
(一)观察图片,初步感知古诗内容

(二)欣赏古诗,深入理解古诗内容

1. 教师简单介绍古诗的题目和作者。
2. 幼儿欣赏配乐诗朗诵,感受古诗的意境美。

(三)朗诵古诗,体会诗意

1. 教师带领幼儿随配乐有感情地朗诵古诗,注意强调古诗的韵律。
2. 幼儿分组朗诵古诗。

(四)结束

教师鼓励幼儿回家后和家长一起找一找、读一读其他关于清明节的古诗。

活动延伸
区域延伸:教师在表演区投放与古诗相关的材料,鼓励幼儿进行诗朗诵表演。教师在图书区投放古诗图片,幼儿根据画面自由朗诵古诗。

活动反思

本次的古诗欣赏则将清明与古诗相结合，使幼儿在古诗的意境中感知清明节的节日文化传统。幼儿理解了古诗的内容，感受到了古诗的意境。教师在朗诵环节对古诗的韵律进行了强调，在之后的活动中可以运用多种形式让幼儿欣赏更多的古诗，了解古诗的结构规律，体会古诗的韵律感、美感。

（周　静）

⭐ 老少重阳乐（大班）

一、劳动活动　我为爷爷奶奶做件事

活动缘起

农历九月初九是重阳节。在重阳节即将来临之际，幼儿在一起讨论："重阳节，我妈妈说要陪爷爷奶奶去爬山。""我爸爸说要给奶奶买蛋糕吃。"……在这个特殊的节日，幼儿决定要为爷爷奶奶做件力所能及的事情。

活动准备

经验准备：幼儿回忆自己成长过程中爷爷奶奶对自己的关爱和辛苦付出。

工具和材料投放：计划书、调查表、爷爷奶奶照顾幼儿的照片和视频。

活动内容

幼儿设计计划书，把想为爷爷奶奶做的事情画下来，回家根据计划书的内容进行实践。

活动前谈话

1.幼儿收集爷爷奶奶照顾自己的视频或照片。

2. 幼儿完成调查表"我身边的爷爷奶奶"。

活动中的巡回指导

教师指导幼儿用完整的话表达对爷爷奶奶的感激之情，并用绘画的形式记录下来。

师：你对爷爷奶奶有什么想说的、想做的？

活动后的交流和讨论

1. 幼儿在轻松的环境中交流自己为爷爷奶奶做的事情，说明自己是怎么做的，以及爷爷奶奶当时的心情是怎样的。

2. 幼儿为爷爷奶奶做的事情：捶背、捏腿、泡茶、切水果等。

（小结：原来做一件小小的事情能让爷爷奶奶那么开心，我们平时要多帮助爷爷奶奶做事。）

活动延伸

区域延伸：幼儿可以在美工区制作贺卡，把它当作礼物送给爷爷奶奶。

生活延伸：可以请爷爷奶奶来幼儿园，小朋友们一起为爷爷奶奶庆祝节日。

活动附件

"我身边的爷爷奶奶"调查表

班级：_____　　姓名：_____　　日期：_____

我的爷爷奶奶					
我调查的是	爷爷（　　　）		奶奶（　　　）		
兴趣爱好		属相		生日	
本领					
最高兴的一件事					
我最想为他（她）做的一件事					

计划书

我为爷爷奶奶做件事	
我计划做的事	完成情况

（杨薇薇）

二、劳动活动　九九重阳糕

活动缘起

幼儿向教师、父母提出了很多关于重阳节的问题，从绘本故事、动画等媒介感知了重阳佳节的民俗风情。他们对如何过重阳节有很多想法，对重阳节的来历和风俗习惯有着浓厚的探究兴趣。许多小朋友表示要亲自为爷爷奶奶制作重阳糕，让他们在这个节日里感受到"最甜的爱"。

活动准备

经验准备：幼儿知道重阳节要吃重阳糕，通过调查了解了重阳糕的制作方法。

工具和材料投放：重阳糕设计图片、米粉、筛子、干果、各种豆类等。

活动内容

幼儿分组制作重阳糕。

活动前谈话

1. 问题：做重阳糕需要哪些食材和工具？
2. 问题：如何做重阳糕？
3. 说说你设计的重阳糕。

活动中的巡回指导

教师提醒幼儿注意制作重阳糕的食材配比、流程是否正确，指导幼儿共同设计并制作重阳糕。

活动后交流和讨论

幼儿互相品尝他们制作的重阳糕，说一说喜欢哪一组做的重阳糕，以及他们是如何制作的。

活动延伸

社区延伸：幼儿走进敬老院，表演节目并送出祝福。

家庭延伸：幼儿把亲手做的重阳糕送给爷爷奶奶。

活动附件

重阳糕制作调查表

重阳糕的设计图	制作重阳糕需要哪些食材	重阳糕的制作流程

（李悦岚）

三、区域活动　巧手做菊花

经验联结

菊花是重阳节的重要元素。本次活动以新颖现代的形式，让幼儿了解重阳节的风俗和文化，弘扬中华民族尊老的传统美德。大班幼儿已初步了解重阳节的习俗，并有手作经验。

活动目标

1. 根据图示，大胆运用粘贴、卷曲等方法制作"菊花"。
2. 了解重阳节的习俗和来历，愿意融入传统节日氛围。

活动准备

经验准备：幼儿初步了解重阳节的习俗；有手作经验。

工具和材料投放：菊花图片、"菊花"制作图示、剪刀、胶棒、彩纸、吸管。

活动内容

幼儿根据图示，用相应的材料制作出"菊花"，制作两种"菊花"进行比较。

活动要求

1. 观看图示1：将彩纸对折后在折痕处剪出不断开的长条，并将彩纸反过来粘贴。
2. 观看图示2：对于每个纸条，在中心点粘贴，先卷最内层。

指导要点

对比两种不同的"菊花"，幼儿说一说是怎么制作的，用了什么方法，以及最喜欢哪一朵"菊花"。

活动延伸

区域延伸：投放不同颜色的彩纸材料，让幼儿继续在美工区制作"菊花"；把幼儿带来的菊花放在自然区植物角进行观赏、写真、涂鸦。

活动附件

图示 1

图示 2

（李悦岚）

四、区域活动　我为爷爷奶奶画个像

经验联结

幼儿已知道重阳节是老人的节日。幼儿提出给爷爷奶奶送一份礼物，有的说送花，有的说给爷爷奶奶画个画像。同时，他们也知道爷爷奶奶年纪大了，需要自己为他们做点事，并要用自己喜欢的方式大胆表达对他们的感谢和祝愿。

活动目标

1. 幼儿观察并尝试画出老年人的头部、面部特征和体形。
2. 幼儿懂得尊敬老人、关爱老人,乐意表达自己对爷爷奶奶的感谢和祝愿。

活动准备

经验准备:幼儿提前收集了爷爷奶奶的照片,并观察过照片。

工具和材料投放:绘画材料。

活动内容

教师引导幼儿观察照片,看看爷爷奶奶长什么样,尝试画出其头部、面部的主要特征和体形。绘画完成后,幼儿介绍自己的作品,讲讲自己的爷爷奶奶平时是怎样关爱自己的,并大胆表达自己对爷爷奶奶的感谢和祝愿。

活动要求

幼儿在绘画时注意相关要求,乐意表达自己对爷爷奶奶的感谢和祝愿。

指导要点

教师出示照片后,请幼儿仔细观察、比较爷爷奶奶和自己长得有什么不一样,特别是注意头部和面部的主要特征(如头发白了,脸上长出了皱纹,牙齿脱落,等等)。

活动延伸

1. 幼儿回家为爷爷奶奶做些力所能及的事情,如给爷爷奶奶捶捶背、讲故事,陪他们散散步,等等。
2. 幼儿把画像作为礼物送给爷爷奶奶,并送上自己对他们的感谢和祝愿。

(汝燕飞)

中国节

单个活动方案

一、生活活动　好吃的月饼（小班）

活动缘起

月饼是中秋节最具代表性的食物。近年来，月饼的口味越来越多。除了在品尝过程中感受月饼的不同味道外，小班幼儿还要初步了解月饼的基本特征。

活动准备

经验准备：幼儿吃过不同口味的月饼。

工具和材料投放：摆盘月饼、夹子、勺子等。

活动内容和方式

1. 幼儿与家长一起收集各种口味的月饼，并带来幼儿园品尝。
2. 吃午餐时，教师把幼儿带来的月饼摆放出来，让幼儿挑选自己喜欢的月饼品尝。

活动中的指导

1. 教师按口味分类摆放月饼，幼儿主动挑选自己喜欢的月饼。
2. 教师引导幼儿排队挑选月饼，在此过程中不东摸西碰，用夹子、勺子进行拿取。

活动延伸

区域延伸：将多余的月饼放到生活区或请中班、大班的哥哥姐姐们来品尝。

（刘微微）

二、区域活动 月饼圆圆（小班）

经验联结

在品尝了美味的月饼后，幼儿对月饼的兴趣大增。为了加深小班幼儿对月饼的形状、花纹的了解，也为了增强幼儿手部动作的灵活性，以及使幼儿掌握捏泥的技能，我们在美工区开展做月饼活动。

活动目标

1. 幼儿尝试用搓、团、压的方法制作月饼。
2. 幼儿愉快地参与活动，体验参与活动的乐趣。

活动准备

经验准备：幼儿玩过橡皮泥。

工具和材料投放：橡皮泥、泥工板、废旧月饼盒子、小印章、各种口味的月饼的图片。

活动内容

1. 教师出示月饼礼盒，幼儿观察礼盒并对其进行讨论（知道月饼有圆形、正方形，表面有花纹）。
2. 幼儿尝试制作月饼。

活动要求

1. 把橡皮泥变圆。（在小手中间的地方转圈地搓）
2. 让橡皮泥变扁一点。（轻轻地按压圆形的橡皮泥）
3. 用小印章在月饼上盖出花纹。

指导要点

教师指导幼儿边做边念月饼相关儿歌，巩固对捏月饼方法的学习。

活动延伸

区域延伸：在"小吃店"将制作好的月饼装入月饼盒，玩角色扮演游戏。

生活延伸：家人制作月饼的时候，幼儿看一看，并做一点力所能及的事。

（刘微微）

三、集体活动　中秋儿歌（小班）

活动目标

1. 知道农历八月十五是中秋节，是团圆的日子。
2. 能说出中秋节吃月饼的习俗和月亮的变化。

活动准备

经验准备：幼儿有品尝月饼的经验，知道月饼有不同的口味。

工具和材料投放：月亮的图片及与儿歌内容相符的图片。

活动过程

（一）谈话导入，引出中秋节

师：中秋节马上要到了，你最喜欢吃什么口味的月饼？在中秋节，除了要吃月饼外，我们还要干什么呢？

（二）出示月亮图片，了解月亮的变化

师：月亮在中秋节是什么形状的？月亮一直是圆圆的吗？

（三）学习儿歌《月饼》

1. 教师出示图片，幼儿学习相关儿歌内容。
2. 幼儿用不同的方式反复学念儿歌。

（小结：每年的农历八月十五是中国的传统节日——中秋节，在这一天，月亮又亮又圆，大多家庭都会团聚在一起，共赏象征阖家团圆的明月。月圆，人团圆。）

活动延伸

区域延伸：幼儿在小舞台演唱中秋节儿歌。

活动反思

在日常生活中，中秋节家中的小辈会给长辈送月饼，因此月饼对于幼儿来说，并不陌生。但是，幼儿对观察月亮就相对陌生。所以，通过学习儿歌，幼儿可以进一步了解中秋节月亮的变化，感知中秋节的美好。

活动附件

月 饼

月儿大，月儿明，

月儿圆圆像月饼。

月饼圆，月饼甜，

一吃吃上十五天。

十五天，看不见，

只见一条细细线。

（刘微微）

四、区域活动 二月二"龙抬头"（中班）

经验联结

二月二，俗称"春龙节"。当天，成人和幼儿大多会去理发，寓意"理发去旧"，取"龙抬头"

之吉兆，祈愿新的一年有好的开始。因此，我们开展本次活动，让幼儿了解"春龙节"的习俗。

活动目标

1. 幼儿了解家乡"春龙节"的节日习俗。
2. 幼儿能在游戏中感受理发的快乐。

活动准备

经验准备：幼儿有在理发店理发的经验。

工具和材料投放：理发玩具，如剪刀、推子、梳子、卷发棒、吹风机等。

活动内容

1. 幼儿说一说理发时要用的工具，以及这些工具的作用。
2. 教师出示理发图片，示范洗发、剪发的基本步骤。
3. 幼儿说一说理发店里有哪些工作人员，以及他们都是怎样服务客人的。

活动要求

1. "客人"能完整说出自己的理发要求。
2. "理发师"能根据"客人"的要求，用不同的工具进行理发。

指导要点

1. 教师提醒"理发师"与"客人"主动交流，要用正确的礼貌用语招待"客人"。
2. 教师提醒幼儿在游戏结束后，将玩具归类整理好。

活动延伸

生活延伸：家长带领幼儿去理发店参观，体验真实的理发。

（凌　丽）

活动叙事

⭐ 童心敬老 爱在重阳（大班）

一、缘 起

"独在异乡为异客，每逢佳节倍思亲。遥知兄弟登高处，遍插茱萸少一人。"镐镐在表演区表演节目，说："这是我昨天新学的古诗。"子博说："我也会呀。"说完，他也大声地念了起来。镐镐不服气地说："你知道这首古诗说的是什么节日吗？"子博摇摇头。"这首古诗讲的是重阳节，你竟然连这都不知道。"镐镐提高了声音。"重阳节是什么节日啊？"子博问镐镐。镐镐开启了小博士模式，说："重阳节是老人的节日，是爷爷奶奶、姥姥姥爷的节日。"子博抓了抓小脑袋，说："我想起来了，在重阳节我好像要吃月饼。"镐镐连忙打断，说："重阳节要吃重阳糕，吃月饼的是中秋节。"

在游戏分享中，子博和镐镐又一次说起了他们的争论。老师说："年历上有重阳节吗？是几月几日呢？重阳节是个什么节日？重阳节怎么过呢？"于是，重阳节活动开展起来了。

二、我了解的重阳节

在爸爸妈妈的帮助下，孩子们完成了节日调查，并分享了自己的调查结果。

希希说："九月九日是重阳节，是爷爷奶奶、姥姥姥爷的节日，也叫老人节。"

"不对，不是九月九日，应该是农历的九月九日。"镐镐说道。

"重阳节要吃重阳糕、喝菊花酒、登高、插茱萸。"玥玥高兴地说道。

阅阅说:"重阳节还要赏菊呢。"

宸宸说:"我知道一个叫恒景的人为了救自己的父母在重阳节那天打败了瘟魔。"

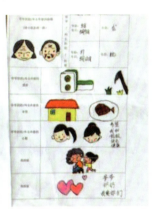

[教师的思考与支持] 幼儿关于重阳节的经验是比较零散的,但随着年龄的增长,他们对各种节日的探究欲望变得更加强烈。为了满足幼儿的探究兴趣,我们组织开展了本次调查活动,让他们通过询问、搜索、讨论等方式了解重阳节。

三、今年的重阳节我们可以做什么?

在一起完成节日调查后,孩子们也有了"为爷爷奶奶、姥姥姥爷过重阳节"的愿望。

镐镐说:"重阳节是老人的节日,我要送爷爷奶奶一份礼物。"

子博说:"爷爷奶奶平时照顾我可辛苦了,我要给奶奶敲敲背。"

如如说:"我们可能干了,我要做个礼物来祝他们天天快乐。"

欣欣说:"重阳节有赏菊的习俗,我要做一朵美丽的菊花,送给姥姥,祝她美丽开心。"

［教师的思考与支持］幼儿有给老人过重阳节的愿望，教师要做忠实的倾听者、活动的支持者，为他们表达爱心创造条件。

（一）做重阳糕

"老师，我们可以做重阳糕吗？""老师你会做重阳糕吗？""我们可以看手机视频学呀。"孩子们七嘴八舌地讨论起来。

于是，大家一起在手机上寻找并观看重阳糕制作视频。观看结束，大家开始制订计划和分工，有准备食材的，有收集工具的……大家个个信心满满。

第二天，大家根据计划，把需要的东西都收集来了。

希希第一个向大家介绍："这是我们小组准备的核桃、红枣、葡萄干，这些都是用来装饰重阳糕的。"

镐镐举起他带来的筛子，说："快看我们带来的筛子，我的这么大，玥玥的那么小。"玥玥说："我的小筛子是妈妈做蛋糕用的，小小的拿起来不累手。"镐镐不服气，说："我这个是昨天晚上特地去姥姥家拿来的。我姥姥可会做东西了，她的工具一定比你的好用。"

争论告一段落，孩子们开始做糕啰！处理食材，搓米粉，加糖水，各小组开始忙碌起来，活动室里好不热闹。

"核桃可以剪小一点，红枣里的核要去掉。"

"慢慢放水，使劲搓、揉。"

"要搓，不然粉粘一起了。"

"哎呀！我的粉怎么掉不下去呀。"循声望去，只见镐镐急得直跺脚。玥玥说："可能是你的洞洞太小了，用我的试试。"镐镐拿起了玥玥的小筛子，装上米粉，左右晃，搓好的米粉还是牢牢地卡在洞洞里。镐镐急得连忙用手去筛子里来回捣鼓，这才使米粉掉下去少许。

玥玥跑去寻求帮助，说："老师，我们的工具都不行，洞洞太小了，米粉掉不下去。"

老师反问玥玥："你们觉得米粉筛不下去，除了洞洞太小外，会不会还有其他原因呢？"玥玥吐了吐舌头，说："我不知道。"

边上的希希插了一句，说："会不会是我们装的粉太多了，我记得在沙水乐园玩筛沙子，沙子太多时就是筛不下去的。"镐镐也连忙接话，说："沙子太湿的时候也是筛不下去的。有可能是我们放太多水了。"希希说:"这个我记得,水太多时多加点米粉,重新揉就会变干的。"

孩子们重新尝试,这一次镐镐只舀了一碗米粉放在筛子里,果然,米粉掉下去了很多。后来,他们发现玥玥的小筛子用起来太费时,还是镐镐的筛子更快。

[教师的思考与支持] 原本信心满满的孩子们,在遇到困难时,显得有些急躁了,这时候作为活动的支持者,教师并没有急着去帮他们解决问题,而是用简单的提问,引导他们多方面考虑问题出现的可能原因,再给他们时间,引导他们回忆相关的经历,鼓励他们重新探索,尝试解决问题。实践证明,很多时候孩子们确实是有这个能力的。

完成了筛粉、搓粉,接下来就是铺平和切块了。

"太难了,一不小心就不平了,怎么办?"轩轩发出了求助信号。凝凝说:"我动作轻,我来试试。"凝凝接过轩轩手里的推板,试了试,有点困难,她又伸出另一只手,双手一起用力,果然,平整了很多。

开始切割了，玥玥拿出尺子，轻轻地放在米粉上。"不行不行，尺子一压，米粉又变形了。"那怎么办呀？大家又犯难了。

希希说："我试试把尺子放上去，不用手按住，轻轻地切。"但他马上就发现这个方法行不通，说道："不行，不行，不按住尺子就会动，切出来就歪了。"

怎么办呀？孩子们向老师投去求助的目光。老师帮他们梳理了当前的问题：第一，米粉太软，用力按会变形；第二，要用力按住尺子，不然会切歪。有什么两全其美的办法呢？

希希说："有办法了，我把尺子牢牢拿住，不碰到面粉，是不是就不会压扁了？"

子博一听马上有了主意，说："拿住不行的，会手酸的，我把尺子架空起来就不会碰到面粉了。"

老师又追问："有什么材料既可以保证我们切出方形，又可以被架空在米粉上面呢？"

玥玥一下子喊了出来："我们建构区的长条积木比尺子长，可以被架在托盘上面。"

子博说："对的，积木是长方体，正好可以切出重阳糕的样子。玥玥的办法真是太好了。"

[教师的思考与支持] 切块环节中的"压扁"和"切歪"两个问题，引发了讨论，幼儿积极运用已有的经验、身边的资源，认真地对材料进行分析。这都源于幼儿认为"这是我自己的事，是我想要解决的事"。当幼儿的经验不足以支撑下一步的探索时，教师要做的就是关注幼儿对问题的态度，及时为幼儿提供解决问题的支架。所以，当教师把问题梳理清楚以后，孩子们马上就找到了问题的关键，再加上得到适当的点拨，也就把问题解决了。

（二）品尝重阳糕

重阳糕被送进了蒸箱……美味的重阳糕出锅了。要吃到自己做的重阳糕了，幼儿乐开了花。

（三）分享重阳糕：送长辈

做了这么多的重阳糕，孩子们想和谁一起分享呢？

"我要送给爷爷奶奶。这是我亲手做的，他们吃了一定很感动。"

孩子们把一部分重阳糕带回家给爷爷奶奶吃,把一部分重阳糕送去社区敬老院。孩子们带上自己做的重阳糕和准备的节目,开展了一次重阳节送温暖活动。

四、活动反思

重阳节吃重阳糕,是传承中国孝道文化的体现,是弘扬中华民族传统美德的重要课程内容。在制作重阳糕活动中,幼儿的问题、思考和发现在活动中生成一个个有意义且相互连接的故事。教师和幼儿交换了传统的角色定位。面对一个个新的问题,幼儿始终都保持着积极主动,是主动学习者。教师一直"藏身"于幼儿背后,适时指导、支持,助推幼儿的发展。

(一)追随兴趣,激发幼儿学习的主动性

兴趣是驱使幼儿进行深度学习的基本要素,幼儿只有对活动感兴趣,对需要从事的活动有好奇心,才能主动参与到活动中。探讨要从"有兴趣"开始,发展到"很愿意展开"。教师基于幼儿的谈话,引发了对节日的调查,而从调查到做事,教师都积极回应,使一个人的兴趣扩展成一群人的兴趣,这就为后来的一系列探索奠定了基础。幼儿自己计划着要做的事情,遇到困难会坚持、会寻找办法解决问题。

（二）解读行为，使学习聚焦"生长点"

教师用儿童的视角去看见儿童，这是助推幼儿成为主动学习者的第一步。接着，教师需要在"儿童的视角"基础上加入"教师的专业视角"去解读幼儿的行为，只有看懂幼儿行为背后的原因才能理解、支持幼儿，才能使事情真正循着幼儿的意愿、兴趣发展下去。幼儿遇到好几次问题，教师通过观察去评估他们在行动中的状态。有的问题幼儿自己可以解决，如米粉筛不下去，因为幼儿有揉搓面粉和玩沙子的经历，所以教师有理由相信他们是可以自己解决问题的，事实上也确实是幼儿自己通过讨论解决了问题。当幼儿确实需要帮助时，教师也要提供适时的支持。

苏格拉底说过，教育不是灌输，而是点燃火焰。未来世界，无人可以预知。作为幼儿人生的启蒙者，教师需要做的就是用"儿童的视角"，加上"教师的专业视角"，看见、看清、看懂幼儿的学习，进而提供必要的支持，促进有助于幼儿学习的心智倾向、学习品质的发展，让幼儿成为生活的主导者。

（张丽红）

⭐ 香香甜甜的腊八粥（大班）

一、缘 起

"小孩小孩你别馋，过了腊八就是年……"听到隔壁班念的腊八节儿歌，小朋友们不由自主地跟念了起来。雨泽兴奋地说："老师，是不是马上要到腊八节了？"老师指了指门上的日历，示意孩子们自己去寻找答案。于是，雨泽就翻动着日历，说："你们快来看，再过四天就到腊八节啦，去年的腊八粥真好吃，我想吃甜甜的腊八粥了。"月影说："老师，我们可以煮腊八粥吗？"于是，煮腊八粥之旅正式开启！

二、腊八粥里有什么？

俗话说：十里不同风，百里不同俗。可是腊八粥里有什么呢？各地对腊八粥食材的选择都是根据当地的产物和各地风俗而定的，于是幼儿针对这一问题展开了激烈的讨论。

馨馨说："我奶奶给我吃过这个粥，里面有我喜欢吃的红豆、黑豆，还有花生。"

鹏鹏说："我也喜欢吃腊八粥，特别是里面的红豆，还有一个硬硬的、白白的东西吃起来有点苦。"

琳琳说："白白的好像是莲子。"

老师顺势问道："除了这些外，还有什么呢？你们想煮的粥叫什么名字？"

孩子们说："腊八粥。"

老师继续问道："为什么叫腊八粥？粥里可以放些什么？"

孩子们再次讨论起来。馨馨说："我也不知道我的答案是不是正确，要不我们去问问食堂阿姨吧。"这个提议真不错，孩子们分组行动了起来。有的小组去问食堂阿姨，有的小组去问保健老师，还有的小组去图书室寻找答案。

调查好后，孩子们纷纷回到教室，分享调查结果。

第一组的孩子说："我们去问了食堂阿姨，她告诉我们腊八粥是甜甜的，是用米、花生、红豆、黑豆、枣、核桃煮的粥。"

第二组的孩子说："我们去问了保健老师，她说腊八粥又叫七宝五味粥，还叫佛粥，是由好多我们收获的种子煮的，

里面可以放米、莲子、花生、桂圆和各种豆类。"

第三组的孩子说:"我们在图书室找到好几本关于腊八节的书,有一本叫《香香甜甜腊八粥》,书中画了腊八粥里有米、花生、枣、核桃……各种各样的豆子,很甜。"孩子们展示着自己找到的书籍,并介绍给其他小朋友。

经过讨论,大家对腊八粥已经有了一个较明确的认识,每一组还设计了"一碗好吃的腊八粥"作品,把自己想放入的食材画出来,展示给其他小朋友。

【教师的思考与支持】活动中幼儿的主动性得到了充分表现。《3—6岁儿童学习与发展指南》提出:"鼓励幼儿自主决定,独立做事,增强其自尊心和自信心。"主动性来源于幼儿在平时生活中喜欢提问并认真思考后产生的想法。主动性也体现在幼儿在活动中会寻找不同的人询问答案。家长、幼儿园的教师和同伴,以及社区中的他人都是与幼儿关系密切的重要他人。

三、食材从哪里来?

孩子们已经确定了腊八粥食材,可是这些食材从哪里来呢?

雨萱说:"我家里有花生、核桃、枣,我可以带点过来。"

琳琳说:"我家也有好多豆子,还有红豆、绿豆哦。"

晨晨说:"老师,可以放点芝麻吗?我记得上次我们种的芝麻收获后被装在了瓶子里,把它们撒在粥上肯定很好吃。"

晨晨的提议得到了大家的一致肯定。

世玉说:"我们也有红豆种子呢,放在里面也好吃。"(之前孩子们收获了红豆种子。)

孩子们从家里带来了不少食材:花生、核桃、枣、玉米……保健老师也帮助采购了糯米、大米和芸豆，更重要的是孩子们上次收获的种子也派上了用场。食材准备好了，要开煮啦。

四、煮腊八粥

（一）用什么锅煮腊八粥？

孩子们对所有的食材进行了清洗，一个个盘子里放满了要煮的食材。小厨房里有一个电锅，大家把食材全部放进去后，满满一锅，然后在老师的指导下倒进一些水，按下煮粥按钮，电锅开始工作，大家等待着……

过了一段时间，看锅的孩子跑过来说："不好了，不好了，食材都从锅子里跑出来了，弄得到处都是。"果然，腊八粥的汤液都从电锅四周溢出来了，于是孩子们围着电锅讨论着。鹏鹏说："是不是我们的水放多了。"馨馨说："不是的，是我们的东西放太多了吧。"孩子们讨论了半天也没有结论，最后在食堂阿姨的帮助下找到了原因，原来是食材太多，在煮的过程中，食物会膨胀，电锅太小，因此汤液就溢出来了。

"怎么办呢？这个电锅太小了，我们得找一个大一点的锅。"琳琳说。孩子们开始在厨房找锅，有的在幼儿园寻找各种容器。

天天说："用我们的大铁锅，之前我们烧野火饭时用过。""对，那个锅很大，可以烧很多饭。"于是，孩子们来到户外厨房。

【教师的思考与支持】 在探索过程中，幼儿遇到挫折没有气馁，而是积极解决问题。使用电锅时，幼儿对电锅的容量不清楚，这就需要经验的支持。他们在成人的帮助下解决了问题。

（二）灶头怎么搭？

孩子们在户外厨房找到了大铁锅、柴火、砖块等，但面对着这些工具他们都很迷茫：这些工具怎么使用呢？鹏鹏大声说："不要着急，我会用。以前烧野火饭的时候，我看过别人把砖块搭在一起，

将锅放在上面烧。"鹏鹏拿出一张纸,把搭建灶头的草图画下来,对小伙伴说:"我们这样搭搭看。"孩子们就按照图纸搭建了起来,有的搬砖,有的搭建底座,他们把砖一块接着一块用围合的方式垒成一个圈,把大铁锅放上去。初步完成后,孩子们准备生火,可是发现把柴火放进去很不方便,要把大锅拿起来放,但火一下子就灭了。怎么办呢?看来鹏鹏画的灶头草图不合理。

大家围着灶头讨论起来。馨馨说:"我家的灶头底下有个洞,爷爷把柴火塞在洞里烧。"月影点点头,说:"那我们再试试看吧。"在馨馨的指挥下,大家从刚才搭好的灶头中间抽出一块砖,但拿掉中间的砖块后,上面的砖块也掉了,锅放上去很不平稳。孩子们又失败了。

第二天,孩子们带来了自己跟爸爸妈妈讨论后的设计图纸。晨晨说:"我设计的灶头是一个圆形的,先搭最底层,然后把第二层的砖放在下面两个砖的中间,再把第三层铺好,中间留个小洞烧柴。"航航也展示了自己的设计图纸,说:"我的灶头很不一般,是正方形的,把其中三面围起来,留一面放柴火。"

孩子们对这些搭灶头方式都很感兴趣,于是就再次搭建起来。这次搭建比之前顺利多了,很快两个不同形状的灶头就搭建好了。

孩子们在灶头架上大铁锅,塞进柴火,开始煮粥了。

柴火熊熊燃烧着,大铁锅里的粥咕噜咕噜地煮着。在食堂阿姨的帮助下,孩子们不停地搅拌着粥,以免食材粘在锅底。慢慢地,腊八粥煮熟了,香气飘满园。

【教师的思考与支持】在搭建灶头的过程中，幼儿主要以小组为单位进行合作。针对大班幼儿的特点，开展小组竞赛不仅可以让幼儿体会到合作的重要性，还可以让幼儿体验成功、失败。幼儿原有的建构经验是宝贵的资源，这些经验被集中起来进行分享，可以使幼儿产生新的经验。幼儿可以在同伴间相互碰撞、相互协商的过程中找到解决问题的方法。

五、一起喝粥

腊八粥煮好了，可是这么多，孩子们吃不完这么办呢？

鹏鹏说："我们可以叫小班和中班的弟弟妹妹来吃。"

天天说："我们可以请保安叔叔还有食堂阿姨一起来吃，请全幼儿园的人来吃。"

可是，在哪里发粥呢？

馨馨说："我们有一个小木屋，可以在那里发粥。"

琳琳说："可以的，那里挺好的，就是有点挤。"

晨晨说："我也同意，但再搬一个架子来会更好，这样可以像我们中午盛饭菜一样分成两组，就不会挤了。"

雨萱说："我们就在小木屋里发吧，现在就喊弟弟妹妹们来吃吧。"

孩子们七嘴八舌地说着自己的想法，每个人都大胆地表达着自己的意见。

全幼儿园的人都来喝粥了，人比较多，要合理分配时间才行，如何安排分粥时间呢？

晨晨说："他们想什么时候来喝都可以，我们只要安排人一直在那里等着就行了。"

琳琳说："我觉得这样不好，人要是一下子来得太多，我们就忙不过来了，我认为可以分组邀请他们来。"

天天说："我觉得可以一个班一个班来喝。"

"我也同意，这个主意好。"孩子们纷纷举手表示同意。

"我们配几个引导员，一个班吃好了再去请另一个班的小朋友。"琳琳说道。

孩子们把喝粥的顺序确定好后开始分配工作，确定每个人的工作岗位。

"我想做厨师，给大家盛粥。"

"我想做服务人员。"

"我想做引导人，去邀请小朋友。"

"我想做组长，看护小朋友。"

每个人都想做事情，但是岗位数量有限，怎么办呢？于是，他们用最常用的方式——投票来决定。

投票表格设计好了，孩子们经过几轮的激烈比拼最终确定了各自的工作岗位。

【教师的思考与支持】《3—6岁儿童学习与发展指南》提出，幼儿要在"活动时能与同伴分工合作，遇到困难能一起克服"。在进行人员分配的过程中，幼儿没有进行太多的争吵，而是通过最熟悉的解决问题的方式——投票来处理。在幼儿的日常活动中，投票解决问题是幼儿经常使用的方法，成功概率非常高。认同自己的职业也是一种自信的表现，幼儿通过与别人互动，基于自己的经验而建立了"我是能干的"的自信心。

六、分享腊八粥

喝粥活动正式开始了,孩子们快乐地工作着。其他人品尝着美味的腊八粥,纷纷竖起了大拇指。

在喝粥的过程中,孩子们都非常热情,没有离开过自己的工作岗位。有的孩子做指挥员,帮忙维持秩序;有的孩子盛粥,在"服务员"的帮助下将满满的一碗粥端到"客人"面前;有的孩子在"客人"吃好离开后马上拿着小抹布卖力地擦着桌子,保持环境整洁。

更重要的是引导员的工作,他们在学校的各个角落忙碌着,部分引导员去邀请食堂阿姨来喝粥,还邀请了保安叔叔,他们的热情感染了许多人,也让大家感受到了温暖。

在寒冷的冬天喝上一碗暖暖的腊八粥,一股暖流流向心底,每个人都露出了暖暖的笑意。

【教师的思考与支持】《3—6岁儿童学习与发展指南》指出,要"尊重为大家提供服务的人,珍惜他们的劳动成果"。在最后分享腊八粥的环节,幼儿增强了社会责任意识,能用语言和动作表达对他人的尊重与喜爱,向外传递了温暖;丰富了情感体验,从被爱到学会爱别人,克服了以自我为中心,树立了为他人服务的意识。

"生活即教育",我们要抓住生活中的每一个教育契机,引导幼儿多角度、多感官地了解传统节日习俗,体验劳动的快乐,学会分享与感恩,用实际行动传承中华民族优秀文化。

(刘微微)

后 记

构建适合儿童发展的学前教育课程并努力落实,是实现幼儿园培养目标的重要途径,也是贯彻落实《3—6岁儿童学习与发展指南》的重要途径,更是实现学前教育高质量发展的重要途径。

"什么是幼儿园课程?""幼儿园课程在哪里?""如何追随儿童的兴趣设计课程?""如何将身边的资源开发成为促进幼儿发展、让幼儿获得有益经验的活动?"这些一直是幼儿园老师们面临的问题和挑战。吴江区各幼儿园根据自身实际情况,开启了园本提升、内涵发展、课程建设的实践探索征程。

十年课程实践,得到了广大幼儿园教师、家长、领导、专家等的关心和支持。十年来,吴江区绘制了幼儿园课程改革蓝图,组建了"学前教育发展共同体",成立了省内外专家指导团队。在专家沉浸式、伴随式、持续性的指导下,各种问题逐渐有了答案,困惑渐次解开,幼儿园找到了从身边资源入手,追随幼儿兴趣,开展多样化活动,助力幼儿积累有益经验,促进幼儿全面发展的课程建构路径,并在国家级、省级、市级的教学成果奖评选中频频获奖。

本套丛书是吴江区各幼儿园课程探索的缩影,共十三册,由吴江区鲈乡幼儿园鲈乡园区、鲈乡幼儿园越秀园区、平望幼儿园、盛泽实验幼儿园、芦墟幼儿园、黎里幼儿园、梅堰幼儿园、铜罗幼

儿园、青云幼儿园、桃源幼儿园、北厍幼儿园、舜泽幼儿园、横扇幼儿园、八坼幼儿园这十四所幼儿园合作编写。本套丛书从策划到呈现，离不开负责各册编写的幼儿园教师的实践智慧和无私分享，离不开吴江区其他幼儿园教师的支持和帮助，更离不开虞永平、张春霞、张晗、张斌、苗雪红、胡娟、杨梦萍等团队专家长期以来的精心指导和鼓励。在丛书编写过程中，苏州大学出版社的领导、编辑给予了老师们极大的肯定，虞永平教授更是在百忙中抽出时间为本套丛书作序，张春霞老师在编写中全程悉心指导，在此一并表示衷心的感谢！

生逢盛世，奋斗正当时。我们处在大有可为的新时代，在党的二十大精神指引下，吴江幼教人必将扬帆再起航，继续深耕幼教这块沃土，为实现学前教育高质量发展而努力前行！

钱月琴

2023 年 5 月